Pons-Augustin Alletz

HISTOIRE DES SINGES

ET AUTRES ANIMAUX CURIEUX

Dont l'instinct & l'industrie
excitent
l'admiration des hommes,
comme les Éléphans, les
Castors, &c.

(1752)

Table des matières

Autre espece singuliere de Singes fort plaisans.

DES ÉLÉPHANS

CHAPITRE PREMIER.

De la nature de l'Éléphant.

CHAPITRE II.

Effets de la colere d'un Éléphant.

CHAPITRE III.

Des diverses sortes d'Éléphans.

CHAPITRE IV.

Des autres especes d'Éléphans.

CHAPITRE V.

Naturel de l'Éléphant.

CHAPITRE VI.

Qualités de certains Éléphans.

AVERTISSEMENT

Tout ce qui amuse innocemment les hommes peut leur être présenté pour sujet de lecture dans les momens où l'esprit cherche à se délasser. La matiere qui compose ce Recueil est de ce genre. On a rassemblé dans un fort court espace tout ce qu'il y a de plus curieux à sçavoir touchant les Animaux dont l'instinct nous cause une espece de ravissement & d'admiration. Les Singes entr'autres sont devenus depuis quelque tems assez communs en France. L'étendue & l'accroissement de notre commerce nous ont procuré cette sorte de denrée qui nous plaît, de cela seul qu'elle nous amuse. Il n'y a guere de Ville où l'on n'en voye quelqu'un ; on en rencontre à Paris chez un assez grand nombre de Particuliers, & les Charlatans dont fourmille le Quay de la Mégisserie en régalent libéralement le Peuple.

Cependant on a beau voir fréquemment ces sortes d'Animaux, les gens les plus sérieux se plaisent à les considérer, & sont les premiers à dérider leur front en voyant leurs tours de toute espece, & ce qu'on appelle leurs Singeries. C'est ce qui a donné lieu de penser qu'une Histoire des Singes seroit capable d'amuser quelques heures, & peut-être plus agréablement que l'Histoire des Chats dont le regne n'a pas été ni fort long ni fort tranquille. Le mérite de la nouveauté & le fonds des choses, telles, par exemple, que les Contes qu'on y rapporte de l'adresse de ces Animaux ont pu donner cette confiance à l'Auteur.

Quoi qu'il en soit, il faut avouer néanmoins que c'est un agrément limité à un fort petit espace de tems que de voir un Singe transporté en France, isolé dans ces lieux où on le retient, & séparé de tous ceux de son espece. Il seroit sans doute bien plus agréable de voir ces Animaux sur leur propre foyer, dans les terres où leur espece se multiplie ; en un mot, dans leur Pays natal ; de considérer quelle est leur maniere de vivre, leur subtilité à voler les grains, les fruits, & tout ce dont ils font leur nourriture ; l'ordre & la discipline qu'ils observent dans leur pillage ; enfin la forme de leur toute petite République, si l'on peut parler ainsi. C'est une satisfaction que les Voyageurs se sont procurée, lorsqu'ils ont parcouru les désers de l'Afrique & de l'Amérique, où ces

Animaux y multiplient si fort, qu'ils y forment un Peuple nombreux, quoique varié par ses différentes especes, & par ses habitations. Mais comme la plûpart des hommes ne sont pas destinés à faire des voyages si lointains, on a cru pouvoir les dédommager en quelque maniere de ce qu'ils ne peuvent voir de leurs yeux, en rassemblant sous un même point de vûe tout ce que les Voyageurs ont dit de plus curieux touchant ces Animaux, c'est-à-dire, leurs diverses especes, leur maniere de vivre, leur adresse surprenante ; en un mot, tout ce que constitue la singularité de leur nature. Toutes ces choses ne pouvoient fournir à la vérité une matiere d'une juste étendue pour un Volume ordinaire ; ainsi on y a ajouté pour la même satisfaction du Lecteur l'Histoire des Éléphans, des Castors : & quoique ces sortes d'Animaux, par leur figure & leur instinct n'offrent point à l'esprit une matiere aussi gaye & aussi riante que celle des Singes ; on peut dire néanmoins que les différens traits qui caracterisent leur industrie, & leur sorte de génie, nous laissent ébahis, pour ainsi dire, tant ils nous causent d'étonnement & d'admiration, & nous forcent à respecter intérieurement cette puissance sans bornes de l'Auteur de la Nature, qui se multiplie à nos yeux de tant de manieres, & surtout par l'industrie qu'il a donnée aux Animaux dont ce petit Recueil compose l'Histoire.

DES SINGES

CHAPITRE PREMIER

Des diverses especes de Singes, & de leur adresse.

Sur la Côte d'Or, ou Pays des Noirs, on trouve beaucoup de Singes & Marmots. Il y en a qui ont la tête noire, la barbe blanche, la peau mouchetée, le dos marqué de grosses rayes noires, & la queue toute noire ; il y en a d'autres qui ont le nez blanc. Les negres tendent sur les arbres des piéges à ces Singes, dans lesquels ils donnent lorsqu'ils y montent, ou qu'ils en descendent. Dans les déserts qui sont proche du Zahara, il y a quantité de Singes qui se tiennent dans les endroits où il y a des arbres & des marais ; ils ont beaucoup de malice, & de disposition à imiter ce qu'ils voyent faire. On y en voit de plusieurs especes. Ceux qu'on appelle *Gatos-Paules & Guenons,* ressemblent le plus à l'homme que ceux qu'on appelle *Segouins* : les Gatos-Paules sont ainsi appellés par les Espagnols & par les Portugais à cause qu'ils ont le poil de la couleur d'un chat sauvage : ils ont de longues queues, & le museau blanc. Les Guenons que les Afriquains appellent *Babouins,* ont beaucoup plus d'esprit & de malice que les Segouins qui sont fort communs en Brésil.

Les Singes se nourrissent d'herbe, de grains, de fruits : ils vont au fourage avec adresse & précaution ; ils ne vont presque jamais au pillage que par troupes & qu'après que quelques uns ont grimpé sur les arbres, ou des hauteurs pour y faire sentinelle, par un effet de leur instinct. Lorsqu'ils découvrent quelqu'un, ils crient & sautent en même-tems pour obliger les fourageurs à prendre la fuite à leur exemple. Ils font plus de dégât par ce qu'ils dissipent, que par ce qu'ils mangent ou emportent : ces Animaux sont sujets au cours de la Lune. Quand elle est sur la fin de son cours, ils sont tristes. Leur activité naturelle se rallentit ; mais lorsqu'elle est nouvelle, & qu'elle entre dans son premier Quartier, leur ardeur se réveille, & ils ne font que sauter. La chasse en est plaisante : on se sert du penchant qu'ils ont à vouloir tout contrefaire ;

les Chasseurs ont des bas faits exprès qu'ils font semblant de mettre aux jambes, & de les en ôter en leur présence : ensuite ils se retirent & laissent les bas en des endroits fort exposés : les Singes ne manquent pas de se venir chausser, & alors les Chasseurs voyant que les bas les empêchent de se sauver, les surprennent aisément. On se sert encore de cette ruse ; on fait semblant de se laver les yeux au bord de l'eau en leur présence, pour obliger les Singes de faire de même, ce qui réussit heureusement. Car ces Animaux ne se sont pas plutôt lavés les yeux qu'ils ont la vûe trouble, & sont ainsi à la discrétion des Chasseurs.

Le long de la Côte de Sierra Liona, il y a plusieurs Isles, où l'on trouve des Singes d'une certaine espece qu'on nomme *Baris* ; on les prend étant fort petits ; on les éleve, & on les apprivoise si bien qu'ils rendent presqu'autant de service qu'un Esclave : car ils marchent ordinairement tout droits comme des hommes, pilent du millet dans un mortier, vont puiser de l'eau dans une cruche, témoignent de la douleur par leurs cris, lorsqu'elle vient à tomber, savent tourner la broche, & faire mille petits tours qui divertissent extrêmement leurs maîtres[1].

C'est une chose admirable de les voir fuir : car les femelles portent sur leurs dos quatre ou cinq de leurs petits, & ne laissent pas avec cela de faire de grands sauts de branche en branche.

---

1 *La Croix, Voy. d'Affrique. Marmot.*

CHAPITRE II

Histoires plaisantes au sujet de ces Animaux.

À l'occasion des Singes, voici ce que raconte le P. Labat, dans ses Voyages aux Isles de l'Amérique.

Dans l'Isle de Saint Cristophe, nous eûmes un divertissement auquel je ne m'attendois pas, ce fut d'aller voir la chasse des Singes. On plantoit des cannes dans une terre qui étoit un des repaires de ces Animaux ; nous fûmes nous embusquer environ une heure avant le coucher du Soleil. Nous n'y demeurâmes pas fort longtems que nous eûmes le plaisir de voir sortir des brossailles un gros Singe, qui après avoit regardé exactement de tous côtés, grimpa sur un arbre, d'où il considéra encore tous les environs : à la fin il fit un cri auquel plus de cent voix différentes répondirent dans le moment ; & incontinent après, nous vîmes arriver une grande troupe de Singes de différentes grandeurs, qui entrerent en gambadant dans cette piece de cannes, & commencerent a les arracher & à s'en charger. Quelques-uns en prenoient quatre ou cinq morceaux qu'ils mettoient sur une épaule, & se retiroient en sautant sur les deux pieds de derriere ; les autres en prenoient un à leur gueule, & s'en alloient en faisant mille gambades. Nous tirâmes quand nous eûmes assez considéré leur manege ; nous en tuâmes quatre, entre lesquels il y avoit une femelle qui avoit son petit sur son dos qui ne la quitta point ; il la tenoit embrassée à peu près comme les petits Negres tiennent leurs meres. Nous le prîmes, on l'éleva, & il devint le plus joli Animal qu'on pût souhaiter.

À propos de ce petit Singe, il arriva une avanture au P. Cabasson, qui mérite d'être mise ici. Il avoit élevé ce petit Animal, qui s'affectionna tellement à lui qu'il ne le quitta jamais ; de sorte qu'il falloit l'enfermer avec soin toutes les fois que le Pere alloit à l'Eglise ; car il n'avoit point de chaîne pour l'attacher. Il s'échappa une fois, & s'étant allé cacher au-dessus de la Chaire du Prédicateur, il ne se montra que quand son Maître commença à prêcher ; pour lors il s'assit sur le bord, & regardant les gestes que faisoit le Prédicateur, il les imitoit dans le moment avec des grimaces & des postures qui faisoient rire tout le monde. Le P. Cabasson qui ne savoit pas le sujet de ces risées, reprit dabord ses Auditeurs avec assez de douceur ; mais voyant que les éclats de rire augmentoient au lieu de diminuer, il entra dans une sainte colere, & commença d'invectiver d'une maniere très-vive contre le peu de respect qu'ils avoient pour la parole de Dieu. Ses mouvemens plus violens qu'à l'ordinaire firent augmenter ses grimaces, & les postures de son Singe, & le rire de l'Assemblée. À la fin quelqu'un avertit le Prédicateur de regarder au-dessus de sa tête ce qui s'y passoit : il n'eut pas plutôt apperçu le manege de son Singe, qu'il ne put s'empêcher de rire comme les autres ; & comme il n'y avoit pas moyen de prendre cet Animal, il aima mieux abandonner le reste de son discours, n'étant plus lui-même en état de le continuer, ni les Auditeurs de l'écouter.

CHAPITRE III

Malice des Singes.

Le même Religieux dans son Voyage de l'Afrique Occidentale dit que le long de la rivière de Senega, dans l'Isle de Bilbas ; on voit une très-grande quantité de Singes. Les Negres les haïssent mortellement, à cause des grands dommages qu'ils font dans leurs terres ; car quand ils entrent dans un champ de ris, de mil, ou de pois, ils en emportent tant qu'ils peuvent, & en gâtent dix fois davantage. Ils découvrent les cases des Negres, quand ils n'y voyent personne, brisent toutes les callebasses & les pots qu'ils y trouvent ; & emportent tout ce qui leur tombe sous la patte. Cela a souvent donné occasion à ces Peuples d'attraper des Rats, & de les apporter aux Comptoirs des Européens pour les vendre, croyant que ceux-ci les achetteroient aussi-bien que les Singes, puisque les uns & les autres n'ont d'autre propriété que celle de faire du mal. Ceux qui vont souvent à la chasse des Singes observent de ne les tirer jamais que dans le visage ; les blessures qu'ils reçoivent en cet endroit, les font tomber infailliblement, parce qu'y portant d'abord leurs pattes, le mouvement les empêche de se saisir de quelque branche, & de s'y attacher, de maniere qu'on ne peut même les avoir qu'après qu'ils sont expirés. Il arrive encore assez souvent qu'étant blessés, & tombant de branche en branche, ils entortillent leur queue autour de quelqu'une qui s'y roidit de telle sorte qu'ils y demeurent suspendus après qu'ils sont morts.

Les François qui sont au Sénégal sont plus délicats que nos Flibustiers & autres Européens, qui demeurent à l'Amérique dans des endroits où il y a de ces Animaux : car ils les mangent & les trouvent bons, & assurément quand ils sont gras ou jeunes, c'est une viande tendre & délicate ; mais ceux qui sont aux côtes d'Afrique, ont trop d'autres viandes pour s'arrêter à celle-là. Les Negres s'en accommodent à leur place, les mangent, les trouvent excellens, & s'en nourissant, ils ont le plaisir de se venger des dommages qu'ils en ont reçus. Il est étonnant de voir dans cette contrée combien il y a de différentes especes de Singes.

Chaque canton en produit qui sont fort différens de leurs voisins. Ces diverses especes ne se mêlent point les unes avec les autres, & dans un même canton, on n'en trouve jamais de deux sortes.

CHAPITRE IV.

Des Singes blancs.

Au Royaume de Galam dans le Pays de Bambouc, on voit des Singes blancs, & d'un aussi beau blanc que les Lapins les plus blancs que l'on voye en France ; ils ont les yeux rouges, & sans leur queue & leurs oreilles il seroit difficile de ne pas s'y tromper. Ils sont comme les autres Singes fort doux & fort dociles dans leur jeunesse, l'âge développe leur naturel malin, & en ce point ils ne le cedent à pas une des autres especes, de quelque couleur qu'elle puisse être. Soit par amour pour leur patrie, soit pour quelque autre raison qu'on n'a pas encore pénétré, on n'a pu jusqu'à présent en apporter en vie, seulement jusqu'au Fort Saint Louis. Ils sont si délicats ou si attachés à leur Pays, qu'ils ne veulent plus manger, & se laissent mourir dès qu'ils en sont dehors. On ne peut pas dire que ce soit la perte de leur liberté qui leur cause la mort ; car ils s'embarrassent peu d'être enchaînés dans leur Pays : ils y vivent & mangent à merveille ; mais ils n'en veulent pas sortir. C'est là sans doute la cause de leur mort ; & c'est bien dommage, car ce sont les plus jolis Animaux du monde, & à leur malice près, rien n'est plus agréable, ni plus divertissant.

CHAPITRE V.

Des Singes Roux.

Dans le même Royaume, il y a une espece de Singes d'un roux si ardent qu'il approche du vrai rouge, de sorte qu'il semble qu'ils soient peints de cette couleur. Ils sont gros & un peu lourds. Les Négres les appellent *Patas*. Je ne crois pas, dit le P. Labat, qu'il y en ait au monde de plus réjouissans. Ils descendoient les uns après les autres du sommet des arbres où ils étoient, & venoient file à file jusqu'au bout des branches les plus voisines des bâtimens, & quand ils avoient considéré les hommes qui y étoient, ils se mettoient tous à crier, & à faire des sauts, des gambades, & des postures les plus plaisantes. Ils s'en retournoient après cet exercice, pour faire place à d'autres qui venoient à leur tour considérer les barques & ce qui étoit dedans. À la fin, il y en eut quelques-uns assez familiers pour jetter dans les bâtimens de petits morceaux de bois sec ; on répondit à leur jeu par quelque coups de fusils, qui en tuerent & en blesserent plusieurs, & aussi-tôt la guerre fut déclarée. Ils se mirent tous à crier d'une maniere extraordinaire, & à jetter dans les barques des branches seches, & même des pierres qu'ils prenoient la peine de venir ramasser à terre. D'autres se contentoient de faire des grimaces, & d'autres faisoient leurs ordures dans leurs pattes, & les jettoient sur les gens qui étoient dans les bâtimens. À la fin pourtant ils se retirerent, parce que les coups de fusil en abbatirent tant, qu'ils virent bien que la partie n'étoit pas égale.

CHAPITRE VI.

Des gros Singes.

Le long de la riviere de Sierra Liona, & du côté de la Baye appellée de la France, les Singes y sont en si grand nombre qu'ils parcourent le Pays en troupe, & portent le ravage dans toutes les Plantations. On y en distingue trois sortes. Les uns nommés *Barrys*, d'une taille très-grande, qu'on accoutume dans leur jeunesse à marcher droits, & qui se forment par degrés à broyer les grains, à puiser de l'eau dans des callebasses, à l'apporter sur la tête, & à tourner la broche pour rôtir les viandes. Ces Animaux aiment si passionnément les huîtres, que dans les basses marées, ils s'approchent du rivage entre les rocs, & lorsqu'ils voyent les huîtres ouvertes à la chaleur du Soleil, ils mettent dans l'écaille une petite pierre qui l'empêche de se fermer, & l'avalent ainsi facilement. Quelquefois il arrive que la pierre glisse, & que le Singe se trouve pris comme dans une trappe, alors ils n'échappent guère aux Négres qui les tuent, & qui les mangent[2].

Un autre Voyageur[3] dit qu'en cette même contrée les Habitans pour garantir leurs Plantations des ravages des Singes sont obligés de faire constamment la garde, & d'employer le poison, les trappes, & les armes. Lorsqu'un Européen rapporte de la chasse cinq ou six Singes qu'il a tués, il est reçu des Négres comme en triomphe. D'un autre côté les Singes s'apperçoivent fort bien des piéges qu'on leur tend, & ne donnent pas deux fois dans le même. Ils ne connoissent pas moins leurs Ennemis. S'ils voyent un Singe de leur troupe blessé d'un coup de fléche, il s'empressent de le secourir. Si la fléche est barbue, ce qu'ils distinguent fort bien à la difficulté qu'ils trouvent à la tirer, ils en brisent le bois pour donner du moins à leur compagnon la facilité de fuir. Si un autre est blessé d'un coup de balle, ils reconnoissent la playe au sang qui coule, & mâchent des feuilles pour la panser. Les Chasseurs qui tomberoient entre

---

2   *Voy. de Barbot. Hist. Gén. des Voy. t. 3.*
3   *Atkins.*

leurs mains courroient grand risque d'avoir la tête cassée à coup de pierre, ou d'être déchirés en piéces[4].

---

4   *Ibid.*

CHAPITRE VII.

Des petits Singes.

Dans le petit Royaume d'Issini, sur la Côte d'Or, les Singes sont en aussi grande abondance que dans aucune autre, & aussi divers dans leur grandeur que dans leur figure. La plus jolie espece est de ceux qu'on nomme Sagouins. Ils ne sont pas plus gros que le poing. Les uns ont le dos noir & le ventre blanc avec de longues barbes. D'autres sont gris sans aucun poil au visage, ni aux mains, & de la grosseur d'un chien médiocre. D'autres sont d'une grosseur extraordinaire, furieux & capables de se défendre contre les Negres, lorsqu'ils en sont attaqués. Les Issinois les appellent des hommes sauvages, & prétendent que la crainte du travail est la seule raison qui les empêche de parler. Ces étranges Animaux se bâtissent des cabanes dans les bois & s'assemblent en troupes pour ravager les champs des Negres. Au mois de Janvier 1702, le Matelot du Fort qui étoit en même tems le chasseur de la Garnison, blessa un de ces gros Singes, & le prit ; le reste de la troupe quoiqu'effrayée par le bruit d'une arme à feu, entreprit de venger le prisonnier non seulement par ses cris, mais en lui jettant de la boue & des pierres en si grand nombre qu'il fut obligé de tirer plusieurs coups pour les écarter. Enfin il amena au Fort le Singe blessé & lié d'une corde très-forte. Pendant quinze jours il fut intraitable, mordant, criant, & donnant des marques continuelles de rage. On ne manquoit pas de le châtier à coups de bâton, & de lui diminuer chaque fois quelque chose de sa nourriture. Cette conduite l'adoucit par degrés, jusqu'à le rendre capable de faire la révérence, de baiser la main, & de réjouir toute la Garnison par ses souplesses & son badinage. Dans l'espace de deux ou trois mois, il devint si familier, qu'on lui accorda la liberté, & jamais il ne marqua la moindre envie de quitter le Fort[5].

5   *Voy. de Loyer T. 3. Hist. Gén. des Voy.*

CHAPITRE VIII

Diverses especes de Singes grands & petits.

L'abondance des Singes sur la Côte d'Or est incroyable. Smith assure qu'on en distingue plus de cinquante sortes, trop capables de causer une infinité de désordres. Les uns ont la barbe blanche & le corps moucheté, le poil du ventre blanc, une raie brune sur le dos, les pieds blancs & la queue blanche, Cependant tous les Singes du pays peuvent être réduits à deux especes, la premiere de ceux que leur férocité rend incapable de s'apprivoiser. Cette espece multiplie prodigieusement : ils sont en si grand nombre que dans plusieurs cantons, les Negres sont obligés de faire la garde pour se défendre de leurs attaques. En général tous les Singes sont malins & fort portés à l'imitation de tout ce qui se présente devant leurs yeux. Ils sont passionnés pour leurs petits. Jamais on ne les voit tranquilles.

Ceux que les Hollandois appellent Smitten sont d'une prodigieuse grandeur. Bosman en a vu de cinq pieds de long, c'est-à-dire d'aussi grands qu'un homme ; leur laideur, leur hardiesse, leur méchanceté sont incroyables. Un Facteur Anglois assura Bosman que derriere le Fort de Wimba une troupe de Singes se saisit un jour de deux esclaves de la Compagnie, & leur auroit crevé les yeux avec des bâtons qu'ils préparoient dejà, si d'autres Esclaves n'étoient venus à leur secours. Leur couleur est un souris pâle.

Le troisiéme sorte de Singes est d'une beauté singuliere & ils ne sont pas à beaucoup près si grands que les autres. Leur poil est noir & de la longueur du doigt, ils ont la barbe blanche & si longue qu'ils en ont tiré le nom de petits hommes barbus ou de *Monkeis*, mot Anglois qui signifie petits Moines. Il y en a encore de deux autres sortes qui sont de la même beauté, mais petits, le poil court & mêlé de gris, de noir, de blanc & de rouge, la plûpart ont la poitrine & la barbe blanche.

De la plus petite espéce on en compte plusieurs sortes fort belles, mais si délicates qu'il est impossible de les transporter en Europe.

Tous ces Singes sont naturellement voleurs. Bosman a vu plusieurs fois avec quelle subtilité ils dérobent le millet. Ils en prennent deux ou trois tiges dans chaque main, autant sous les bras, deux ou trois dans la bouche & marchant sur les pieds, ils s'enfuyent avec leur fardeau. S'ils sont poursuivis, ils ne gardent pas ce qu'ils ont dans la bouche & laissent tomber le reste pour se sauver plus légérement. En prenant les tiges, ils examinent soigneusement l'épi, & s'ils n'en sont pas satisfaits ils le jettent pour en choisir un autre. Le prodigieux nombre de Singes qui habitent la Côte d'Or rend les voyages fort dangeureux par terre, ils attaquent un passant lorsqu'ils le voyent seul & le forcent à se refugier dans l'eau, qu'ils craignent beaucoup. L'Auteur assure avoir vu plusieurs exemples de la passion de ces Animaux pour les Femmes. L'espece de Singe qui ressemble parfaitement à l'espece humaine confirme assez la croyance où les voyageurs sont que dans certains cantons les Negres se livrent aux plus grands désordres avec les Singes. Les habitans de Scherbro appellent cette sorte de Singes *Boggo* & les blancs *Mandril*. Smith en fait la description : il a véritablement la figure humaine dans toute sa grandeur, on le prendroit pour un homme de la taille moyenne ; ses jambes, ses pieds, ses bras, sont d'une juste proportion ; sa tête est fort grosse, son visage plat & large sans autre poil qu'aux sourcils, il a le nez fort petit, les levres minces, la bouche grande, la peau du visage blanche, mais extremement ridée, ses dents sont larges & fort jaunes, ses mains blanches & unies, quoique le reste du corps soit couvert d'un poil aussi long que celui de l'Ours. S'il ressent quelque mouvement de colere ou de douleur, il crie comme les enfans. On prétend que les mâles de cette espece se saisissent des femmes lorsqu'ils les trouvent à l'écart, & que leur passion les porte aux dernieres violences[6].

CHAPITRE IX.

Des Singes approchant le plus de l'espece humaine, & appellés par quelques-uns, hommes sauvages.

On trouve dans le Royaume de Congo beaucoup de ces grands Animaux qui tiennent comme le milieu entre l'espece humaine & les babouins qui sont les plus grands Singes. Battel raconte que dans les forêts de Mayomba au Royaume de Loango, on voit deux sortes de monstres dont les plus grands se nomment *Pongos* & les autres Enjokos. Ce sont des especes de grands Singes. Les premiers ont une ressemblance exacte avec l'homme ; mais ils sont beaucoup plus gros & de fort haute taille : avec un visage humain ils ont les yeux fort enfoncés, leurs mains, leur joues, leurs oreilles sans poils, à l'exception des sourcils qu'ils ont fort longs, le reste du corps est velu ; mais le poil n'en est pas fort épais & sa couleur est brune : la seule partie qui les distingue des hommes est la jambe qu'ils ont sans mollet. Ils marchent droits en se tenant de la main le poil du cou : leur retraite est dans les bois, ils dorment sur les arbres & s'y font un espece de toit qui les met à couvert de la pluye, leurs alimens sont des fruits ou des noix sauvages. Ils marchent quelquefois en troupes, & tuent les Negres qui traversent les forêts, ils tombent même sur les Éléphans qui viennent paître dans les lieux qu'ils habitent, & les incommodent si fort à coup de bâtons qu'ils les forcent de prendre la fuite en poussant des cris. On ne prend jamais de *Pongos* en vie, parce qu'ils sont si robustes que dix hommes ne suffiroient pas pour les arrêter : mais les Negres en prennent quantité de jeunes après avoir tué la mere, au corps de laquelle ils s'attachent fortement, lorsqu'un de ces Animaux meurt : les autres couvrent son corps d'un amas de branches & de feuillages. On a observé qu'ils ne font aucun mal aux hommes qu'ils surprennent, du moins lorsque ceux-ci ne les regardent point, comme un petit Negre qu'ils avoient retenu pendant quelques tems dans leur societé, l'avoit observé. Battel ne nous dit pas quelle est la seconde espece de monstre dans ce genre.

Dapper rapporte que le Royaume de Congo est plein de ces Animaux qui portent aux Indes le nom d'*Orangoutang*, c'est-à-dire, habitants des bois. Cette bête, dit-il, est si semblable à l'homme qu'il est tombé dans l'esprit à quelques voyageurs, qu'elle pouvoit être sortie d'une Femme & d'un Singe. Un de ces Animaux fut transporté de Congo en Hollande & présenté au Prince d'Orange Fréderic-Henri. Il étoit de la hauteur d'un enfant de trois ans & d'un embonpoint médiocre, mais quarré & bien proportionné, fort agile & fort vif : les jambes charnues & robustes : tout le devant du corps nud ; mais le derriere couvert de poil noir. À la premiere vue son visage ressembloit à celui d'un homme ; mais il avoit le nez plat & recourbé ; ses oreilles étoient aussi de celles de l'espece humaine, son sein, car c'étoit une femme, étoit potelé, son nombril enfoncé, ses épaules fort bien jointes, ses mains divisées en doigts & en pouce, ses mollets & ses talons gros & charnus. Il étoit capable de lever & de porter des fardeaux assez lourds. Lorsqu'il vouloit boire, il levoit d'une main le couvercle du pot & tenoit le fond de l'autre, ensuite il s'essuyoit proprement les levres. Il se couchoit pour dormir, la tête sur un coussin & se couvroit avec tant d'adresse qu'on l'auroit pris pour un homme au lit. Les Negres font d'étranges récits de cet Animal, ils assurent non-seulement qu'il force les femmes & les filles ; mais qu'il ose attaquer des hommes armés. En un mot il y a beaucoup d'apparence que c'est-là le Satire des Anciens. C'est sans doute de ces sortes d'Animaux dont parle Merolla, lorsqu'il dit que les Negres prennent quelquefois dans leurs chasses des hommes & des femmes sauvages[7].

---

7   *Hist. Gén. des Voy. T. 5.*

CHAPITRE X.

De l'adresse des Singes, & de leur attachement les uns pour les autres.

L'Ambassadeur du Czar étant à Pekim, il vint plusieurs Charlatans avec des Singes ausquels on avoit appris des tours fort étranges, & qu'on leur fit faire en présence de l'Ambassadeur. On remplissoit un panier d'habits de toute sorte de couleurs, un Singe les tîroit successivement & s'en revêtoit au simple commandement de son maître sans se tromper jamais sur le choix de la couleur qui lui étoit ordonnée & conformant ses grimaces à l'habit qu'on lui faisoit choisir, ensuite il dansoit à terre ou sur la corde avec des sauts fort réjouissans[8].

L'avanture qui arriva aux troupes d'Alexandre à l'occasion de ces Animaux est singuliere. Comme elles marchoient toujours en bon ordre, elles se trouverent dans des montagnes où il y avoit beaucoup de Singes & l'on y campa la nuit suivante. Le lendemain quand l'Armée se mit en marche, elle apperçut à quelque distance une quantité prodigieuse de Singes qui s'étoient assemblés & rangés par escadrons. Les Macédoniens qui ne pouvoient rien soupçonner de pareil crurent que c'étoit l'ennemi : on sonna la Bataille, chacun se mit en marche & se disposa au combat : mais Taxile Prince du pays qui s'étoit dejà rendu à Alexandre, lui dit ce que c'étoit que cette Armée prétendue & qu'il lui suffisoit d'avancer pour la mettre en fuite.

Leur attachement les uns pour les autres est peut-être sans exemple dans le reste des Animaux : on en peut juger par ce trait singulier que rapporte le Baron Tavernier. Revenant d'Agra avec le Chef ou Président des Anglois qui retournoit à Surate, nous passâmes, dit-il, à 4 ou 5 lieues d'Amenadab qu'on appelle *Mangues*, nous y vîmes dans une petite forêt de ces arbres quantité de gros Singes mâles & femelles & plusieurs de celles-ci tenoient leurs petits entre leurs bras. Nous avions chacun notre carosse & le Président Anglois fit arrêter le sien pour me dire qu'il avoit une excellente & curieuse Arquebuse & sachant que je tirois bien, il me pria de l'éprouver sur un de ces Singes. Un de mes valets qui étoit du pays m'ayant fait signe de ne m'y pas hazarder, je tachai de dissuader le Président de son dessein. Mais malgré tout ce que je pus lui dire, il tua d'un coup d'Arquebuse une femelle de Singe qui demeura étendue entre les branches laissant tomber ses petits à terre. Je vis aussi-tôt arriver ce que mon valet avoit prévû. Tous les Singes qui étoient sur les arbres au nombre de plus de soixante, descendirent incontinent en furie & se jetterent sur le carosse du Président qu'ils auroient étranglé sans le prompt secours qu'on y apporta en fermant les portieres, & en mettant tous nos domestiques pour les chasser. Quoiqu'ils ne vinssent point à moi, je ne laissois pas de craindre la fureur de ces Animaux qui étoient gros & puissans, & ils poursuivirent le carosse du Président près d'une lieue, tant ils étoient irrités.

CHAPITRE XI.

Des Babouins, espece particuliere de Singes, de leur malice, & de leur adresse quand ils vont au pillage.

Il y a encore une espece de Singe appellé Babouin qui se trouve en grande quantité au Cap de Bonne-Espérance ; c'est l'Animal que les Latins appellent *Cercopithecus*. Les Babouins sont plus gros que le Singe ordinaire, leur tête ressemble assez à celle d'un chien ; mais leurs traits sont laids. Ils ont le devant du corps fort approchant du corps humain. Leurs dents sont fort grosses & bien tranchantes, leurs pattes sont armées d'ongles & de griffes : celles de devant sont fort semblables à des mains & celles de derriere à des pieds ; tout leur corps est couvert de poil, excepté les fesses qui n'en ont absolument point, aussi sont-elles si pleines de cicatrices & d'égratignures qu'il semble n'y avoir pas même de peau. Ces Animaux sont d'une grande lasciveté. Les mammelles pendent à leurs femelles sur la poitrine entre les jambes de devant. Lorsqu'ils se voyent dans quelque grande détresse, comme lorsqu'ils sont vivement pressés par les chiens ou qu'on les bat, ils soupirent, gémissent, crient & pleurent, comme des hommes épouvantés ou qui souffriroient de grandes douleurs. Ces Animaux aiment passionnément les raisins, les pommes & en général tous les fruits qui croissent dans les jardins. De tems en tems ils y entrent & ils sont assez souvent mal reçus par les chiens, ou par les propriétaires qui les y attrapent, mais sur-tout lorsqu'ils entrent dans une vigne où les raisins sont murs ; ils se remplissent si fort qu'on les attrape & qu'on les tue aisément : leurs dents & leurs griffes les rendent redoutables aux chiens, qui ne les vainquent qu'avec peine, à moins que quelque excès de raisins ne les ait rendus roides & engourdis. On ignore ce que ces Animaux mangent outre ces fruits. *Gesner* assure qu'ils ont l'adresse de prendre du poisson, qui fait partie de leur nourriture, & qu'ils attaquent & tuent les Élans, les Buffles dont ils mangent la chair. Ce qu'il y a de certain, selon le témoignage oculaire des voyageurs, c'est qu'ils ne mangent ni poisson ni viande si elle n'a été cuite & accommodée de la maniere dont les hommes la mangent & qu'ils avalent fort avidement de la viande ou du poisson bien apprêtés.

S'ils apperçoivent quelque Voyageur dans les champs qui prenne son repas, il faut qu'il soit bien attentif, pour qu'il ne lui enleve pas quelque portion de ses provisions, & lorsque le Singe a pu reussir, il se moque pour ainsi dire du Voyageur qui s'est laissé attraper. Il court à une certaine distance & se retournant tout à coup il s'assied sur son derriere, tient ce qu'il a volé dans ses pattes de devant, & fait comme s'il le tendoit à quelqu'un. C'est tout comme s'il vouloit dire au Voyageur, qu'il n'a qu'à approcher & qu'il lui rendra ce qu'il lui a pris. En même tems il fait des grimaces & des postures si ridicules que l'homme le plus mélancolique ne pourroit s'empêcher de rire. Ces Animaux observent entre eux une certaine discipline & éxecutent tout avec une adresse, une subtilité & une prévoyance admirables. Quand ils pillent un verger, un jardin & une vigne ils font pour l'ordinaire ces expéditions en troupe, partie entre dans l'enclos, tandis qu'une autre partie reste sur le mur, ou palissade en sentinelle, pour avertir de l'approche de quelque danger. Le reste de la troupe est placé au dehors du jardin à une distance médiocre les uns des autres, & forme ainsi une ligne qui tient depuis l'endroit du pillage jusqu'à celui du rendez-vous. Tout étant ainsi disposé, les Babouins qui sont entrés commencent le pillage, & jettent à ceux qui sont sur le mur les melons, les pommes, les poires, &c. À mesure qu'ils les cueillent, ceux qui sont sur le mur jettent ces fruits à ceux qui sont au bas & ainsi de suite tout le long de la ligne qui pour l'ordinaire finit sur quelque montagne. Ils sont si adroits, si alertes, & ils ont la vue si prompte & si juste, que rarement ils laissent tomber ces fruits à terre en se les jettant les uns aux autres. Tout cela se fait dans un profond silence & avec beaucoup de promptitude. Lorsque les sentinelles apperçoivent quelqu'un approcher, elles poussent un cri : à ce signal toute la troupe s'enfuit avec une vîtesse étonnante. Les jeunes qui ne sont pas bien accoutumés au manege, montent sur le dos des plus vieux, où ils se tiennent d'un maniere fort plaisante. On croit qu'ils punissent de mort les sentinelles qui n'ont pas bien fait leur devoir.

Cette idée n'est pas sans fondement, puisque s'il arrive que quelqu'un de la troupe soit pris ou tué, avant que la garde ait donné le signal, on entend un bruit & un tintamare furieux, dès qu'ils se sont retirés sur la montagne où est le lieu du rendez-vous, & assez souvent on en trouve qui ont été mis en piéces. On suppose que ce sont les sentinelles négligentes qui ont été punies. Les Européens du Cap prennent quelquefois de jeunes Singes qu'ils élevent & nourissent avec du lait de chevre ou de brebis. Lorsque ces Singes apprivoisés sont devenus grands, ils font une aussi bonne garde dans la maison pendant la nuit que le meilleur chien qu'il y ait en Europe[9].

---

9   *De Pierre Kolbe, description du Cap de Bonne-Espérance.*

CHAPITRE XII.

Tour singulier & ingénieux d'un Singe.

Parmi les singularités qu'on trouve au Caire on voit dans les rues une grande quantité de Singes, qui sont instruits à faire plusieurs tours : ils y sont apportés par les Mores qui viennent avec les Caravanes de la Mecque & qui gagnent leur vie en divertissant les Pélerins. Comme les Mores sont naturellement de grands bouffons & qu'en cela leur naturel ne s'accorde pas mal avec l'instinct des Singes, cela donne bien du passe-tems aux Voyageurs. Si la chose en valoit la peine, on pourroit en rapporter quelques-uns de mille qui s'y font : mais je me contenterai d'insérer ici une avanture des plus plaisantes en ce genre. Un jour que nous étions à table chez le Consul Torelli, on vint à parler de l'adresse des Singes & des Faucons. Sur quoi le Truchement prit la parole, & dit qu'il connoissoit un Arabe qui avoit un Singe qui n'avoit pas son pareil pour l'habilité. Ce singe lorsque son Maître sortoit, avoit accoutumé de se tenir dans la cuisine & de faire garde au coin du feu pour empêcher que les faucons ne prissent quelque chose. Il y a au Caire de ces oiseaux en grande quantité & ils s'assemblent par troupes sur les maisons où ils sont toujours aux aguets pour tâcher d'attraper quelque morceau qui leur convienne, ce qu'ils font assez souvent, parce que les cheminées étant fort larges & peu élevées, il ne leur est pas difficile d'enlever quelque chose du foyer & de l'emporter. Il arriva donc un jour que l'Arabe après avoir mis au pot un morceau de viande sortit & fut fort longtems avant que de revenir, de sorte que le pot ayant trop bouilli la viande demeura toute découverte ; un Faucon qui étoit aux aguets sur le haut de la cheminée ayant apperçu cette viande, elle lui fit envie & il hazarda de l'enlever : il y réussit & étant descendu, il prit la viande & l'emporta par la cheminée. Le Singe qui se vit attrapé, se mit à regarder tristement en haut, & comme s'il eût raisonné en soi-même sur le mauvais traitement que son Maître lui feroit à son retour pour s'être ainsi laissé dupper, il tâcha de l'éviter par quelque tour d'adresse : il raisonna donc à peu près de cette maniere ; sans doute que celui qui a fait le coup après qu'il aura mangé sa proye, reviendra voir s'il n'y a pas quelque chose à emporter,

& comme il n'y avoit plus de feu, il se mit dans le pot, & tournant en haut ses fesses pelées, il ne douta pas que le Faucon ne les prît pour un morceau de viande : en effet cet oiseau étant revenu & regardant du haut de la cheminée ne manqua de fondre sur ce qu'il voyoit dans le pot, & le Singe qui le vit venir se tourna habilement, saisit le faucon, lui coupa la tête & le mit dans le pot. Le Maître étant revenu, & ne trouvant plus son dîner regarda le Singe avec colere ; mais cet Animal se mettant à sauter tira le Faucon du pot, se mit dedans, en la même posture qu'il s'y étoit mis la premiere fois, & montra par plusieurs gestes qu'il fit, comment le Faucon avoit dérobé la viande & la maniere dont il l'avoit attrapé & l'avoit mis dans le pot. On peut aisément juger par cet échantillon combien les Singes peuvent fournir de matieres à de semblables Contes[10].

10 *De Corneille le Bruyn, T. 2. Voy. en Egypt.*

CHAPITRE XIII.

Autre espece singuliere de Singes fort plaisans.

En passant de la Chine à la Côte de Coromandel, je vis, dit le P. le Comte, une espece de Singe fort singulier, il marche naturellement sur ses deux pieds de derriere qu'il plie tant soit peu comme un chien à qui on a appris à danser. Il se sert comme nous de ses deux bras. Son visage est presque aussi formé que celui des Sauvages du Cap de Bonne-Espérance ; mais le corps est tout couvert d'une laine blanche, noire ou grise. Du reste, il a le cri parfaitement semblable à celui d'un enfant. Toute l'action extérieur si humaine & les passions si vives, & si marquées, que les muets ne peuvent guere mieux exprimer leurs sentimens & leurs volontés. Ils paroissent sur tout d'un naturel fort tendre, & pour témoigner leur affection aux personnes qu'ils connoissent, & qu'ils aiment, ils les embrassent, & les baisent avec des transports qui surprennent. Ils ont encore un mouvement qui ne se trouve en aucune bete, & qui est fort propre a des enfans, c'est de trepigner de joye ou de dépit quand on leur donne ou quand on leur refuse ce qu'ils souhaitent avec beaucoup de passion. Quoiqu'ils soient fort grands, car ceux que j'ai vûs avoient au moins quatre pieds de haut, leur légéreté & leur adresse est incroyable. C'est un plaisir qui va jusqu'à l'admiration que de les voir courir dans les cordages d'un Vaisseau où ils jouent quelquefois, comme s'ils s'étoient fait un art particulier de voltiger comme nos Danseurs de corde. Tantôt suspendus par un bras, ils se balancent quelque tems avec nonchalance pour s'éprouver, & tournent ensuite avec rapidité autour de la corde comme une roue, ou une fronde qu'on a mise en mouvement, tantôt prenant la corde successivement avec les doigts qu'ils ont très longs, & laissant tomber tout leur corps en l'air, ils courent de toute leur force d'un bout à l'autre, & reviennent avec la même vîtesse. Il n'est sorte de figure qu'ils ne prennent, ni de mouvement qu'ils ne se donnent, se courbant en arc, se roulant comme une boule, s'accrochant des mains, des pieds, & des dents, selon les différentes Singeries que leur bizarre imagination leur fournit, & qu'il font de la maniere du monde la plus divertissante. Mais leur légéreté à s'élancer d'un cordage à un autre, à trente & cinquante pieds de distance paroit encore plus surprenante. Aussi pour en avoir plus souvent le plaisir, nous les faisions suivre par cinq ou six petits mousses ou matelots formés à cette sorte d'exercice & accoutumés eux mêmes à courir dans les cordages. Alors nos Singes pour les éviter faisoient des sauts si prodigieux & glissoient avec tant d'adresse le long des mats, des vergues, & des plus petites manœuvres qu'ils sembloient plutôt voler que courir, tant leur agilité surpassoit tout ce que nous remarquons dans les autres Animaux[11].

Une femme d'un capitaine espagnol, étant sur mer, ayant été surprise en adultere par son mari, celui-ci pour se venger d'une maniere toute singuliere les exposa tous deux dans une Isle déserte, où l'homme mourut peu de tems après. Or il arriva que cette femme étant restée seule & destituée de tout secours ; comme il y avoit des Singes dans cette Isle, un gros Singe ou Marmot l'ayant rencontrée s'attacha à sa compagnie, lui rendant toute sorte de services, de maniere que par force ou par adresse, il rendit cette femme enceinte, & elle accoucha de deux enfans. Mais au bout de trois ans, un Vaisseau passant par là trouva cette pauvre femme qui avoit plutôt l'apparence d'un fantôme que d'une créature humaine ; elle étoit presque toute nue, & d'une horrible maigreur ; elle conjura avec larmes les gens de cet Equipage de la tirer de cette cruelle captivité, ce qu'ils firent ; & comme ils s'embarquoient, le Singe qui n'avoit osé les approcher, & qui vit qu'elle s'en alloit, devint furieux, & s'étant jetté sur ses deux enfans, il les mit en piéces à la vue de cette femme & les lui jetta. Cette infortunée créature fut amenée à Lisbonne, ou l'Inquisition ayant été avertie de l'avanture, la fit prendre, & mettre en prison, mais le Cardinal Caëtan, pour lors Nonce du Pape, s'étant trouvé en cette Ville prit la défense de cette femme ; exposa la violence qui lui avoit été faite, & la nécessité où elle s'étoit vue de souffrir l'accointance de cet Animal qui l'avoit nourrie de fruits sauvages pendant trois ans, & ce Cardinal la garantit aussi du supplice. Cette femme se mit dans un Monastere, où elle vécut saintement le reste de ses jours. C'est de cette maniere que le Voyageur Vincent Le Blanc assure que ce fait lui a été conté à lui-même, dans son Voyage des Indes.

Dans la Guinée, il y a, dit Vincent le Blanc dans ses Voyages, une espece de Singes qu'on appelle *Baris* ; ils sont fort gros & puissans : les habitans les prennent à la chasse avec des fausses trapes & autres

---

11 *Mem. de la Chine t. 2.*

machines, & mettent les petits en des cages pour avoir ensuite les pere & mere. Ils les traitent un peu rudement, & les font pleurer comme des enfans ; ils les font marcher à deux pattes, leur attachant celles de devant sur le coû avec un bâton, puis ils s'en servent pour divers besoins, comme pour aller querir de l'eau dans une cruche, laver les écuelles, attiser le feu, aller tirer du vin, aller chercher de la viande à la boucherie ; enfin à toutes les nécessités de la maison. À travers tout cela ils font toujours quelque friponnerie, pour le manger, ou pour le boire ; mais ils sont bien étrillés. Quand ils tournent la broche, c'est un plaisir de les voir sentir la fumée du rôt, & tourner leur tête pelée regardant d'un côté & d'autre si on les apperçoit ; car il faut être bien fin pour les empêcher de se regaler de quelque morceau de roti, comme il arriva à quelques Portugais, qui avoient convié certains Marchands ; car comme on voulut dîner on s'apperçut que le Singe qui tournoit la broche avoit déjà escroqué avec beaucoup de subtilité les cuisses d'un Coq d'Inde dont ils sauverent le reste. Le Maître ne voulut pas alors le battre par la nécessité où il étoit d'être servi promptement ; en effet le Singe donna à boire à tout le monde, rinça fort bien les verres, & lui-même sur la fin se mit à manger & à boire à son tour ; en un mot il réjouit beaucoup les Convives par toutes les plaisanteries qu'il fit[12].

Dans le Mexique il y a un nombre infini de Singes & de Guenons de toute sorte & de diverses grandeurs ; il y en a de petits comme des rats & des souris avec la barbe blanche, qui imitent tout ce qu'ils voyent faire & rendent mille services, ainsi que l'Auteur assure l'avoir vu & de telle maniere qu'ils sembloient avoir quelque intelligence.

---

12 *Voyage de Vincent Le Blanc troisiéme partie.*

DES ÉLÉPHANS

CHAPITRE PREMIER.

De la nature de l'Éléphant.

L'Éléphant est le plus gros de tous les Animaux terrestres. Sa tête est monstreuse. Ses oreilles quoique longues, sont larges & épaisses ; ses yeux quoique fort grands paroissent d'une petitesse extrême dans cette masse énorme qui compose son tout. Son nez est si épais & si long qu'il touche à terre. On l'appelle *proboscide* ou *trompe*. Il est charnu, nerveux, creusé en forme de tuyau flexible, & d'une force si singuliere, qu'il lui sert à briser, ou à déraciner les petits arbres, à rompre les branches des plus gros, & à se frayer le passage dans les plus épaisses forêts. Il lui sert aussi à lever de terre sur son dos les plus lourds fardeaux. C'est par ce canal qu'il respire & qu'il reçoit les odeurs. Le nez de l'Éléphant va toujours en diminuant depuis la tête jusqu'à l'extrêmité ; où il se termine par un cartilage mobile, avec deux ouvertures qu'il ferme à son gré. Sans ce présent de la Nature il mourroit de faim, car il a le col si épais & si roide qu'il lui est impossible de le courber assez pour paître comme les autres Animaux, aussi périt-il bien-tôt lorsqu'il est privé de cet instrument par quelque blessure. Sa bouche est placée au dessous de sa trompe dans la plus basse partie de sa tête & semble jointe à sa poitrine. Sa langue est d'une petitesse qui n'a point de proportion avec la masse du corps. Il n'a dans les deux mâchoires que quatre dents pour broyer sa nourriture ; mais la nature l'a fourni pour sa défense de deux autres dents, qui sortent de la mâchoire supérieure, & qui sont longues de plusieurs pieds. Il se sert furieusement de ces deux armes. Ce sont les dents qui s'achetent, & qui sont connues sous le nom d'yvoire. Leur grosseur est proportionnée à l'âge de l'Animal. La partie qui touche la mâchoire est creuse, le reste est solide & se tourne en pointe. Un bon Éléphant contient plus de chair que quatre ou cinq bœufs. La mesure ordinaire de ceux d'Afrique, est de neuf ou dix pieds de long sur onze ou douze de haut. Quoique une taille pareille fasse juger qu'ils doivent être pesans dans leur marche & qu'ils ont peu de légereté à la course, ils marchent & courent fort légerement. Leur pas ordinaire égale celui de l'homme le plus agile. Leur course est beaucoup plus prompte ;

mais il est rare de voir un Éléphant courir avec un ventre pendant, un dos courbé, des jambes fort épaisses, & des pieds de 12 ou 15 pouces de diametre, ils ne peuvent aimer beaucoup le mouvement. Leurs pieds sont couverts d'une peau dure & épaisse, qui s'étend jusqu'à l'extrémité de leurs ongles. L'Éléphant d'Afrique est presque noir comme ceux de l'Asie. Sa peau est dure & ridée avec quelques poils longs & roides, répandus par intervalle. Sa queue est longue, & semblable à celle du Taureau, mais nuë, à l'exception de quelques poils qui se rassemblent à l'extrémité. On s'est persuadé faussement qu'il n'a point de jointures aux pieds, mais cette erreur est détruite par le témoignage de tous les Voyageurs. Il se tourne difficilement de la droite à la gauche. Les Négres qui se sont apperçus de ce défaut par des expériences continuelles en tirent beaucoup d'avantage pour l'attaquer en plein champ. Plusieurs Naturalistes assurent que les femelles de ces Animaux portent leurs petits dix-huit mois, d'autres trente-six, mais rien n'est plus incertain, & l'on peut espérer d'en être bien informé, parce que les Éléphans privés ne produisent point.

L'Éléphant a peu d'embarras pour sa nourriture. Si l'herbe lui manque il mange des feuilles & des branches d'arbres, des roseaux, des joncs, toute sorte de fruits, de grains & de légumes. Dans une faim pressante, il mange quelquefois de la terre & des pierres ; mais on remarque que cette nourriture le fait bientôt mourir. D'ailleurs, il souffre patiemment la faim, & l'on assure qu'il peut passer huit ou dix jours sans aucuns alimens. Cependant il mange beaucoup lorsqu'il est dans l'abondance, témoins les dommages qu'il cause aux plantations des Négres. Un seul de ces Animaux consume dans un jour ce qui suffiroit pour nourrir trente hommes pendant une semaine, sans compter les ravages qu'il fait avec ses pieds. Aussi les Negres n'épargnent-ils rien pour les éloigner de leurs champs : ils y font la garde pendant le jour & y allument des feux pendant la nuit. Le tabac qui croit dans les champs enyvre quelquefois les Éléphans, & leur fait faire des mouvemens fort comiques. Quelquefois leur yvresse va jusqu'à tomber endormis. Les Negres ne manquent point les occasions de les tuer. Les Éléphans avant de boire observent toujours de troubler l'eau avec les pieds. Ils s'attroupent ordinairement au nombre de cinquante ou soixante, on en rencontre souvent des troupeaux dans les bois ; mais ils ne nuisent à personne lorsqu'ils ne sont point attaqués [13]. Les deux dents qui nous donnent l'yvoire sortent de la mâchoire d'en haut, quoique les Peintres les représentent dans la situation opposée. C'est avec ces puissantes armes que les Éléphans arrachent les arbres ; mais il arrive aussi quelquefois

---

13 *Labat T. 3. p. 286.*

qu'elles se brisent & de là vient, suivant Jobson, qu'on trouve si souvent des fragments d'yvoire dispersés dans les terres. Le même assure sur sa propre expérience, que la chair de ces Animaux est de fort bon goût. Quelquefois ces monstreux Animaux entrent dans les Villages pendant la nuit, & si le hasard les fait heurter contre les cabanes, ils les renversent comme une coquille de noix[14]. Il est très-difficile de les blesser mortellement, à moins qu'ils ne soient frappés entre les yeux & les oreilles : encore la balle doit être de fer, car la peau de l'Éléphant résiste au plomb comme un mur & contre l'endroit même que le fer perce, une balle de plomb tombe entiérement applatie. Les Negres assurent que jamais l'Éléphant n'insulte les passans dans un bois ; mais que s'il est tiré & manqué il devient furieux.

---

14 *Le Maire, p. 108.*

CHAPITRE II.

Effets de la colere d'un Éléphant.

Bosman rapporte qu'en 1700, au mois de Décembre à six heures du matin, un Éléphant s'approcha de Mina sur la Côte d'Or, marchant à pas mésurés au long du rivage sous le mont de San-Jago. Quelques Negres allérent au-devant de lui sans armes, pour le tromper par des apparences tranquilles. Il se laissa environner sans défiance, & continua de marcher au milieu d'eux. Un Officier Hollandois qui s'étoit placé sur la pente du mont le tira d'assez près, & le blessa au-dessus de l'œil. Cette insulte ne fit pas doubler le pas au fier Animal. Il continua de marcher les oreilles levées, en paroissant faire quelques menaces au Negres qui continuoient de le suivre ; mais entre les arbres qui bordoient la route, il s'avança jusqu'au jardin Hollandois, & s'y arrêta. Le Directeur Général accompagné de l'Auteur qui conte ce fait, d'un grand nombre de Facteurs, & de Domestiques, se rendit au jardin & le trouva au milieu des cocotiers dont il avoit déja brisé neuf ou dix avec la même facilité qu'un homme auroit à renverser un enfant. On lui tira aussitôt plus de cent balles qui le firent saigner comme un bœuf qu'on auroit égorgé. Cependant il demeura sur ses jambes sans s'émouvoir. La confiance qu'on prit à cette tranquilité couta cher au Negre du Directeur. S'étant imaginé qu'il pouvoit badiner avec un Animal si doux, il s'approcha de lui par derriere, & lui prit la queue ; mais l'Éléphant punit sa hardiesse d'un coup de trompe, & l'attirant à lui il le foula deux ou trois fois sous ses pieds. Ensuite comme s'il n'eût pas été satisfait de cette vengeance, il lui fit dans le corps avec ses dents, deux trous où le poing d'un homme auroit pu passer. Après lui avoir ôté la vie, il tourna la tête d'un autre côté sans marquer d'attention pour le corps du Negre, & d'autres Negres s'étant avancés pour emporter le corps, il leur laissa faire tranquillement cet office. Il passa plus d'une heure dans le jardin, jettant les yeux sur les Hollandois qui étoient à couvert sous les arbres à quinze ou seize pas de lui ; enfin la crainte d'être forcés dans cette retraite leur fit prendre le parti de se retirer, car ils manquoient de poudre. Mais le hasard ayant conduit l'Éléphant à une autre porte, il la renversa dans son passage, quoiqu'elle fut d'une double brique : il ne sortit pas néanmoins par cette ouverture ; mais forçant la haye du jardin, il gagna lentement la riviere pour laver le sang dont il étoit couvert. Ensuite retournant vers quelques arbres, il y brisa quelques planches destinées à la construction d'une barque. Les Hollandois avoient eu le tems de se rassembler avec des munitions. Ils renouvellerent leurs décharges, & le firent tomber à force de coups. Sa trompe qui fut coupée aussi-tôt étoit si dure & si épaisse, qu'il fallut plus de trente coups pour la séparer du corps. Ce fut alors que cet Animal qui avoit essuyé tant de balles sans pousser un seul cri, se mit à rugir de toute sa force, & s'étant traîné avec beaucoup de peine sous un arbre, il y expira. Aussi-tôt qu'il fut mort, les Negres tomberent en foule sur le corps & couperent autant de chair qu'ils en purent emporter. On trouva que d'un si grand nombre de coups il en avoit reçu peu de mortels. D'autres n'ayant pu pénétrer qu'une partie de la peau, s'y trouvoient encore nichées ; mais la plûpart étoient tombées applaties. Quoique Bosman conclue de là, qu'elles doivent être de fer ; il y a beaucoup d'apparence que celles des Hollandois étoient trop petites, & n'avoient pas d'autre défaut, puisqu'on a l'exemple d'un Anglois, qui tirant un Éléphant de son Canot sur le bord de la Gambra, le tua d'une seule balle de plomb. L'Éléphant n'est pas moins admirable par sa docilité que par sa grosseur, il vit l'espace de cent cinquante ans, sa couleur s'embellit en vieillissant. Les Negres en prennent un grand nombre en creusant de profondes fosses dans les lieux que ces Animaux fréquentent, & les couvrent de branches & de feuilles d'arbres. L'Éléphant étant tombé dans le piége, y est bientôt assommé avec toute sorte d'armes, & d'instrumens. Le corps est partagé entre les Chasseurs, & la peau leur sert à couvrir leurs bancs & leurs chaises ; ils font présent de la queue au Roi, qui l'employe pour chasser les mouches[15].

Les Éléphans jettent leurs dents tous les trois ans, & comme il y a une prodigieuse quantité d'Éléphans sur la Côte d'Yvoire ; c'est la raison pour laquelle l'Yvoire y est si commun.

CHAPITRE III.

Des diverses sortes d'Éléphans.

On distingue plusieurs sortes d'Éléphans, le Lybien, l'Indien, l'Éléphant de marais, celui des montagnes & celui des bois. L'Éléphant de marais a les dents bleues & spongieuses, difficiles à tirer, & plus encore à travailler, parce qu'elles sont remplies de petits nœuds. L'Éléphant de montagne est farouche & dangeureux, il a les dents plus petites & la taille mieux formée. L'Éléphant qui vit dans les bois est plus docile. Il a les plus grosses dents & les plus blanches.

On ne voit jamais d'Éléphant blanc sur la Côte d'Or. Ceux de Guinée sont si prompts qu'ils surpassent un cheval à la course, les Negres de Mina leur donnent le nom d'*Ossons*. L'Éléphant a le pied comme le sabot du cheval, mais beaucoup plus grand. Sa peau est plus dure & plus épaisse sur le dos que sur le ventre. Outre ses défenses, il a quatre dents qui lui servent à mâcher, elles sont tortues dans les mâles & droites dans les femelles. La femelle de l'Éléphant est plus forte ; mais moins hardie que le mâle. Elle a deux mammelles. On prétend qu'elle a beaucoup de peine à nourrir ses petits, & qu'elle est obligée alors de s'accroupir. Les uns ne lui donnent qu'un jeune à la fois : d'autres lui en donnent quatre. Les plus petits Éléphans voyent clair, dit-on, aussi-tôt qu'ils sont nés. Ils suçent le lait de leur mere, non avec leur trompe, mais avec la langue & les levres. Mais toutes ces circonstances ne sont que des conjectures.

Les Éléphans ne sont nulle part en si grand nombre que sur la Côte d'Yvvoire ; il s'en trouve aussi sur la Côte d'Or, qui s'avancent de l'intérieur des terres qui sont désertes, jusqu'au rivage de la mer ; car moins il y a d'hommes dans une contrée, plus elle se remplit de bêtes farouches.

Les Éléphans de la Côte d'Or ont douze ou treize pieds de haut ; mais ils sont moins grands que ceux des Indes Orientales, ausquels les Voyageurs donnent le même nombre de coudées[16]. Atkins dans son Voyage, remarque que les dents des Éléphans viennent des Négres intérieurs avec lesquels ceux de la Côte font des échanges pour des Marchandises de l'Europe. Il ajoute que Plunket, ancien Gouverneur de Sierra Leona, & d'autres Anglois qui avoient acquis en Afrique une expérience de vingt ans, l'avoient assuré que les Éléphans changent d'habitations & de pâturages, & que pour cette transmigration ils se rassemblent en troupeaux fort nombreux ; qu'ils en avoient vu sur les bords de la Gambra des légions de 1000 & 1500 ; que ces monstreux Animaux sont d'une hardiesse qui répond à leur grosseur, & que marchant en fort bon ordre, ils se croient comme supérieurs aux attaques des Negres, qui ne peuvent leur faire la guerre sans en approcher, parce que de loin la peau d'un Éléphant est impénétrable aux balles du mousquet.

L'Éléphant se nourrit particuliérement d'une sorte de fruit qui ressemble au papa, & qui croît sauvage dans plusieurs parties de la Guinée. L'Isle de Tesso en est remplie, & c'est apparemment ce qui invite ces Animaux à s'y rendre en grand nombre. Ils passent le canal à la nage. Un Esclave de la compagnie blessa un Éléphant dans cette Isle, & n'ignorant pas ce qu'il avoit à craindre de sa furie, il se réfugia aussi-tôt dans un bois voisin. L'Éléphant s'efforça de le suivre ; mais soit qu'il fût affoibli par sa blessure, ou retardé par l'épaisseur des arbres, il abandonna les traces de son ennemi pour repasser le Canal à la nage : il mourut en chemin, & les Negres profiterent de la marée pour le conduire dans une Baye, où ils commencerent par lui arracher les dents & firent ensuite un festin de sa chair. L'Auteur assure que le mouvement d'un Éléphant dans l'eau est plus prompt que celui d'une Chaloupe à dix Rameurs, & qu'à terre il est aussi léger qu'un Cheval à la course.

---

16 *Voy. de Smith, p. 49.*

CHAPITRE IV.

Des autres especes d'Éléphans.

Dans le Royaume de Congo, il se trouve des Éléphans en grand nombre dans les bois, les pâturages & sur le bord des rivieres. Les Habitans du Pays prétendent que cet animal vit 100 ans, & ne cesse pas de croître jusqu'au milieu de cet âge. Le Voyageur Lopez prit plaisir un jour à peser plusieurs dents, dont chacune étoit d'environ deux cent livres. Il assure contre l'opinion des Anciens, que l'Éléphant se couche à terre, qu'il plie les genoux, & que de ses pieds de devant il abaisse les branches des arbres pour se nourrir de leurs feuilles. Si les arbres sont trop élevés, il les ébranle si puissamment avec l'épaule, qu'il parvient à les renverser. S'ils ont moins de force dans leur hauteur, il les courbe avec ses dents jusqu'à ce qu'il puisse atteindre aux feuilles : mais il arrive aussi quelquefois que ses dents se brisent par l'effort, & c'est la raison qui en fait trouver un si grand nombre dans les forêts. Les femelles ne conçoivent qu'une fois en sept ans, & ne portent pas plus de deux ans.

La peau des Éléphans du Congo est d'une dureté incroyable, elle a 4 pouces d'épaisseur[17]. Lopez assure qu'un de ces Animaux ayant été tiré d'un coup de *Paderero*, la balle ne perça point sa peau ; mais il fut si fort meurtri, qu'après avoir fui pendant trois jours, & tué dans sa fureur plusieurs Esclaves qui se rencontrerent sur son passage, il mourut de cette avanture.

Les Éléphans ont à la queue une sorte de poil ou de soye, de l'épaisseur d'un jonc & d'un noir fort brillant. La force & la beauté de ce poil augmentent avec l'âge de l'Animal. Un seul se vend quelquefois deux ou trois Esclaves, parce que les Seigneurs & les femmes sont passionnés pour cet ornement. Tous les efforts d'un homme avec les deux mains, ne peuvent le briser. Quantité de Negres se hasardent à couper la queue de

---

17 *Pigafetta p. 63.*

l'Éléphant dans la seule vue de se procurer ces poils. Ils le surprennent quelquefois tandis qu'il monte par quelque passage étroit, dans lequel il ne peut se tourner ni se venger avec sa trompe. D'autres beaucoup plus hardis prennent le tems où ils le voyent paître, lui coupent la queue d'un seul coup, & se garantissent de sa fureur par des mouvemens circulaires, que la pesanteur de l'Animal, & la difficulté qu'il trouve à se tourner ne lui permettent pas de faire avec la même vîtesse. Cependant il court plus vîte en droite ligne que le cheval le plus léger, parce que ses pas sont plus grands.

CHAPITRE V.

Naturel de l'Éléphant.

L'Éléphant est d'un naturel fort doux, & peu inquiet pour sa sureté, parce qu'il se repose sur sa force. S'il ne craint rien, il ne cherche pas non plus à nuire. Il s'approche des maisons sans y causer aucun désordre. Il ne fait aucune attention aux hommes qu'il rencontre. Quelquefois il enleve un homme avec sa trompe, & le tient suspendu pendant quelques momens ; mais c'est pour le remettre tranquillement à terre. Il aime les rivieres & les lacs surtout vers le tems de midi, pour se désaltérer ou se rafraîchir. Il se met dans l'eau jusqu'au ventre & se lave le reste du corps avec l'eau qu'il prend dans sa trompe. Lopez dit en avoir vû plus de cent dans une seule troupe : ils aiment à marcher en [com]pagnie, & les jeunes surtout vont toujours à la suite des vieux.

Maniere de prendre ou de tuer les Éléphans.

Les Peuples de Bamba n'ont jamais eu l'art d'apprivoiser les Éléphans, mais ils entendent fort bien la maniere de les prendre en vie. Leur méthode est d'ouvrir dans les lieux que ces Animaux fréquentent de larges fosses qui vont en rétrécissant vers le fond, ils les couvrent, de branches d'arbres & de gazon qui cachent fort bien le piége. Lopez vit sur les bords de la Quanza un jeune Éléphant qui étoit tombé dans une de ces tranchées. Les vieux après avoir employé inutilement toute leur force & leur adresse pour le tirer du précipice, remplirent la fosse de terre, comme s'ils eussent mieux aimé le tuer & l'ensevelir que de l'abandonner aux Chasseurs. Ils exécuterent cette opération à la vue d'un grand nombre de Negres qui s'efforcerent en vain de les chasser par le bruit, par la vue de leurs armes, & par des feux qu'ils leur jettoient pour les effrayer.

Merolla raconte les ruses qu'on employe dans le Comté de Sogno pour tuer les Éléphans. Lorsqu'ils paroissent en troupe le Chasseur se frotte tout le corps de leurs excrémens, & rampant jusqu'à eux avec sa lance, il se glisse doucement sous leur ventre jusqu'à ce qu'il trouve l'occasion d'en frapper sous l'oreille. Aussi-tôt qu'il a donné le coup, il s'éloigne avant que l'Animal ait eu le tems de le reconnoître. L'odeur de la fiente trompe tous les autres qui continuant de marcher, laissent leur compagnon en proye au Chasseur. Si l'Animal blessé dans un endroit si sensible, conserve assez de force pour se défendre, ou pour attaquer même son ennemi, la seule ressource du Chasseur est de se retirer en faisant plusieurs tours, & d'attendre qu'il soit entiérement affoibli par la perte de son sang, qui ne cesse pas de couler jusqu'à sa mort.

Dapper observe que l'Éléphant après avoir été blessé employe toutes sortes de moyens pour tuer son ennemi, & que s'il en vient à bout il ne fait aucune insulte à son corps. Au contraire son premier soin est de creuser la terre de ses dents pour lui faire un tombeau dans lequel il l'étend avec beaucoup d'adresse. Ensuite il le couvre de terre & de feuillages. Mais ceux qui font leur occupation de cette dangeureuse Chasse se cachent fort soigneusement après avoir tiré leur coup, & suivent de loin l'Animal en jugeant de sa foiblesse par sa marche. Ils cherchent l'occasion de lui faire de nouvelles blessures, & lorsqu'ils le croient près de sa fin, ils s'approchent hardiment pour l'achever.

On lit dans le même Auteur que la nature a placé dans la tête de plusieurs Éléphans une sorte de Bezoar de couleur pourpre, à laquelle on attribue des qualités fort salutaires. Merolla nous apprend que les Negres font distiller au Soleil une certaine eau des jambes de l'Éléphant, qu'ils la regardent comme un puissant reméde pour l'asthme, les sciatiques, & les humeurs froides[18].

CHAPITRE VI.

Qualités de certains Éléphans.

Un Voyageur de la Chine (*Isbrandides*) étant à Pekchin vit l'écurie des Éléphans de l'Empereur. Le Gouverneur de l'écurie leur fit faire plusieurs tours en présence de l'Ambassadeur du Czar, tels que de rugir comme les tigres, de mugir comme les taureaux, de hennir comme le cheval, & d'imiter le chant des oiseaux de Canarie. Ils contrefirent jusqu'au son de la trompette. Ensuite le Gouverneur les obligea de rendre leurs respects à l'Ambassadeur les quatre genoux en terre, de se coucher d'abord sur un côté, puis l'autre, & de se relever. Ils faisoient cet espece d'exercice sur un ordre simple. Pour se coucher ils commençoient par étendre les jambes de devant & celles de derriere, après quoi ils se reposoient à terre sur le ventre. Tous ces Éléphans étoient d'une grosseur extraordinaire. Quelques-uns avoient les dents longues de six pieds. Le Roi de Siam en avoit fait présent à l'Empereur de la Chine, & tous les ans il lui en envoyoit quelqu'un à titre de tribut.

Le long du Senegal & dans le Pays des Negres les Éléphans y marchent en troupe comme les Sangliers à Venise, mais il ne peuvent jamais être apprivoisés comme dans les autres Pays. L'Éléphant n'a que deux dents de l'espece de celles qu'on apporte en Europe ; elles sont à la mâchoire inférieure comme au Sanglier, avec la seule différence que celles du Sanglier tournent la pointe en haut, & que celles de l'Éléphant la tournent en bas. On n'apperçoit jamais leurs grandes dents avant leur mort. Quelque Sauvages qu'ils soient, ils ne font aucun mal lorsqu'ils ne sont point attaqués : mais si quelqu'un les irrite, ils se défendent avec leur trompe que la nature leur a donnée à la place du nez, & qui est d'une excessive longueur, ils l'étendent & la resserrent à leur gré. S'ils saisissent un homme avec cette redoutable machine, ils le jettent presqu'aussi loin qu'on jette une pierre avec la fronde. C'est en vain qu'on croit s'échapper par la fuite. Ils sont d'une vîtesse surprenante : les plus jeunes sont ordinairement les plus dangereux. La portée des femelles est de trois ou quatre petits à la fois : ils se nourissent de feuilles d'arbres & de fruits qu'ils attirent jusqu'à leur bouche avec le secours de la trompe.

Lorsqu'ils sont couchés dans la fange pour s'y rafraîchir, ils ne jettent pas les yeux sur les passans, & l'on n'a pas d'exemple qu'ils ayent jamais attaqué personne, à moins qu'on ne fasse feu sur eux, & qu'on ne les irrite par quelque blessure ; car ils deviennent alors des ennemis si dangeureux qu'il est fort difficile de leur échapper ; mais si l'on parvient à les effrayer assez pour leur faire prendre le parti de se retirer, ils le font avec beaucoup de lenteur : ils regardent fixement ceux qui troublent leur repos, & jettant deux ou trois cris, ils continuent leur marche. Quelques Matelots François remontant une petite riviere dans le Pays des Negres, virent un Éléphant si embarrassé dans la fange, qu'ils se promirent d'en faire aisément leur proye : comme ils ne pouvoient s'en approcher assez pour le tuer, leurs balles ne servirent qu'à le mettre en fureur. Ne pouvant aussi s'avancer vers eux, il n'eut pas d'autre moyen pour se venger que de remplir sa trompe d'eau bourbeuse, & de leur en lancer une si grosse pluye qu'elle faillit de les abîmer dans leur barque : ils furent contraints de se retirer, & la marée qui revint bientôt, mit l'Éléphant en état de regagner la rive à la nage[19].

---

19 *Voy. de Bruë. Hist. Gén. des Voy. T. 2.*

CHAPITRE VII.

Chasse des Éléphans.

Les trois chasses d'Éléphant ausquelles le Roi de Siam invita l'Abbé de Choisi & le P. Tachard sont dignes d'être connues du Lecteur. Nous avons été ce matin, dit l'Abbé de Choisi, à la chasse des Éléphans. C'est un plaisir véritablement Royal. La grande enceinte est de plus de vingt lieues de tour. Il y a deux rangs de feux allumés toute la nuit, & à chaque feu de dix pas en dix pas deux hommes avec des piques. On voit de tems en tems de gros Éléphans de guerre & de petites piéces de canon. Des hommes armés entrent dans l'enceinte, & font le tricquetrac, peu à peu on gagne du terrein & l'enceinte se retrécit. Le feu, le canon, & les Éléphans avancent jusqu'à ce qu'on puisse approcher les Éléphans sauvages assez près pour leur jetter des lacets où ils se prennent les jambes. Quand il y en a quelqu'un de pris, les Éléphans de guerre qui sont stilés à cela se mettent à leurs côtés, & leur donnent de bons coups de défenses s'ils font les méchans, sans pourtant les blesser, d'autres les poussent par derriere. Des hommes leur mettent des cordes de tous les côtés, montent dessus, & les conduisent à un poteau, où ils demeurent attachés jusqu'à ce qu'ils soient comme des moutons. Nous en avons vu prendre une vingtaine. Le Roi étoit monté sur un Éléphant de guerre, & donnoit les ordres. Ce Roi avoit alors deux mille Éléphans de guerre, & quarante-cinq milles hommes en faction[20].

À un quart de lieue de Louve, écrit le P. Tachard, il y a une espece d'amphitéâtre dont la figure est d'un grand carré long, entouré de hautes murailles terrassées sur lesquelles se placent les Spectateurs. Le long de ces murailles en dedans regne une palissade de gros pilliers fichés en terre à deux pieds l'un de l'autre, derriere lesquels les Chasseurs se retirent lorsqu'ils sont poursuivis par les Éléphans irrités. On a pratiqué une fort grande ouverture vers la campagne, & vis-à-vis du côté de la Ville, on en a fait une plus petite qui conduit dans une allée étroite par

---

20 *Journal du Voy. de Siam* p. 479.

où un Éléphant peut passer à peine, & cette allée aboutit à une maniere de grande remise, où l'on acheve de le dompter.

Lorsque le jour destiné à cette chasse est venu, les Chasseurs entrent dans le bois montés sur des Éléphans femelles qu'on a dressées à cet exercice, & se couvrent de feuilles afin de n'être pas vûs par les Éléphans sauvages. Quand ils sont avancés dans la forêt & qu'ils jugent qu'il peut y en avoir aux environs, ils font jetter aux femelles certains cris propres à attirer les mâles, qui répondent aussitôt par des hurlements affreux ; alors les Chasseurs se sentant à une juste distance retournent sur leurs pas & menent doucement les femelles du côté de l'amphitéâtre où les Éléphans sauvages ne manquent jamais de les suivre. Celui que nous vîmes dompter y entra avec elles, & dès qu'il y fut, on ferma la barriere. Les femelles continuèrent leur chemin au travers de l'amphithéâtre, & enfilèrent queue à queue la petite allée qui étoit à l'autre bout. L'Éléphant qui les avoit suivies jusques-là, s'étant arrêté à l'entrée du défilé, on se servit de toutes sortes de moyens pour l'y engager : on fit crier les femelles qui étoient au-delà de l'allée : quelques Siamois l'irriterent en frappant des mains & criant plusieurs fois *Past, Past* : d'autres avec de longues perches armées de pointes le harceloient, & quand ils en étoient poursuivis ils se retiroient derriere la palissade, enfin il s'attacha à l'un d'eux qui demeura exprès, & qui se jetta dans l'allée. L'Éléphant courut après lui ; mais dès qu'il y fut entré, on laissa tomber à propos deux coulisses, l'une devant, l'autre derriere. L'Animal ne pouvant ni avancer ni reculer, ni se retourner fit des efforts surprenans, en poussant des cris terribles. On tâcha de l'adoucir en lui jettant des seaux d'eau sur le corps, en le frottant avec des feuilles, en lui versant de l'huile sur les oreilles, & on fit venir auprès de lui des Éléphans mâles & femelles qui le caressoient avec leurs trompes. Cependant on lui attachoit des cordes par dessous le ventre & aux pieds de derriere afin de le tirer de là. On fit venir un Éléphant privé de ceux qui ont coutume d'instruire les nouveaux venus. Un Officier étoit monté dessus qui le faisoit avancer & reculer pour montrer à l'Éléphant sauvage qu'il n'avoit rien à craindre, & qu'il pouvoit sortir ; en effet on lui ouvrit la porte & il suivit l'autre jusqu'au bout de l'allée. Dès qu'il y fut, on mit à ses côtes deux Éléphans que l'on attacha avec lui. Un autre marchoit devant, & le tiroit avec une corde dans le chemin qu'on lui vouloit faire prendre, pendant qu'un quatriéme le faisoit avancer avec un grand coup de tête qu'il lui donnoit par derrière, jusqu'à une espece de remise, où on l'attacha à un gros pillier fait exprès, qui tourne comme un cabestan de Navire. On le laissa là jusqu'au lendemain pour lui faire passer sa colere. Mais le jour suivant il commença à aller avec les autres, & au bout de quinze jours il fut entiérement apprivoisé.

CHAPITRE VIII.

Des qualités admirables de l'Éléphant.

L'Éléphant est d'une docilité & d'une industrie qui approche de l'intelligence humaine : il est susceptible d'attachement, d'affection, & de reconnoissance, jusqu'à sécher de tristesse quand il a perdu son Gouverneur. On le voit transporté de douleur, & vouloir se donner la mort, lorsque dans ces momens de fureur il l'a tué ou maltraité : on reconnoît cette espece de tendresse en différentes occasions. L'absence de leur compagne contribue plus que tout autre moyen à le rendre souple & à leur faire oublier leur propre force ; car on prétend qu'ils ne s'attachent jamais à d'autres. Il est des endroits où on les prend dans des fosses profondes dont on recouvre légérement la superficie. Quand la mere s'apperçoit que son petit est tombé, le chagrin qu'elle en ressent & l'amour qu'elle a pour lui la font précipiter dans le même piége, quoique l'instinct lui fasse connoître qu'elle pourra y perdre la vie. Elle ne l'abandonne jamais dans le péril, & elle s'y fait tuer la premiere[21].

Quand elle est obligée de passer un fleuve, elle le prend sur sa trompe, & ne le quitte qu'à l'autre rivage. S'il a la force de nager, il entre dans l'eau le premier. S'ils en rencontrent un dans la campagne qui soit malade, il n'est sorte de bons offices qu'ils ne lui rendent, allant chercher l'herbe & les remedes qui peuvent le soulager. S'il meurt, ils ne laissent pas son corps exposé, ils l'enterrent & recouvrent sa fosse de branches d'arbres. On les dressoit à avoir pour le Prince une vénération digne de Sa Majesté[22]. Aussitôt qu'ils l'appercevoient, ils fléchissoient les genoux pour l'adorer à la maniere des Orientaux, & se relevoient un moment après. Les Rois des Indes s'en servoient à la guerre, & ils n'avoient pas de plus zelés défenseurs. Ce que l'on raconte de celui que Porus montoit est presqu'incroyable. Cet Animal sentant son Maître épuisé par les traits dont il étoit couvert, se baissa de lui-même pour le descendre sans le blesser, & lui arracha avec sa trompe les fleches dont il

---

21 *Ælian. l. 9. c. 8. 7. 15. Plin. 8. 5. Philost. II. 14. 14.*
22 *Philost. I. 13. c. 22. Plin. 7. 1.*

étoit hérissé ; mais voyant qu'il perdoit tout son sang il le rechargea sur son dos & l'emmena dans son quartier.

Ælien[23] raconte un trait pareil d'un Seigneur Indien ; il avoit trouvé un jeune Éléphant blanc qu'il éleva avec grand soin. Cet Animal lui servoit de monture ordinaire, & lui donnoit toutes les marques de la plus tendre amitié. Le Roi informé de sa douceur & de son adresse le demanda pour lui ; mais le Seigneur à qui il appartenoit ne pût s'en détacher, & pour éviter les suites de son refus, il se sauva dans les montagnes. On l'y poursuivit par ordre du Prince, mais monté sur le haut d'un rocher il y soutint un long assaut parant les traits & se défendant à coups de pierres, parfaitement secondé par son Éléphant qui les jettoit avec toute la justesse possible. Les Soldats monterent néanmoins malgré cette généreuse résistance. Alors l'Animal plein de fureur se jetta au milieu d'eux, en renversa plusieurs avec sa trompe, les écrasa, mit les autres en fuite, reprit son maître blessé, & se retira avec lui.

Lorsque Pyrrhus entra de force dans Argos, un de ses Soldats monté sur un Éléphant reçut une blessure dangeureuse, & fut jetté par terre. L'Éléphant ayant perdu son Maître dans la foule, fit des écarts épouvantables jusqu'à ce qu'il l'eut trouvé, alors il le releva avec sa trompe, le mit sur son dos, & retourna en fureur vers la porte de la Ville, renversant & foulant aux pieds tout ce qui se rencontroit devant lui.

À cet instinct d'humanité, l'Éléphant joint une force extraordinaire qui le fait regarder comme le plus puissant des Animaux. On en dressoit pour les batailles qui faisoient la terreur de l'ennemi, par le ravage qu'ils causoient dès qu'on leur avoit donné le signal de s'avancer. C'étoit au son des trompettes & des tambours, ou par le spectacle du sang déja répandu dont ils ont horreur, ou par la vue de quelques liqueurs qui en approchent, comme le jus de mure ou de raisins. Aussi-tôt ils entroient en fureur, se jettoient au travers des Bataillons, & portoient de toutes parts l'effroi, le désordre & la mort. L'odeur & le mugissement épouvantable de ces Animaux causoient encore plus de trouble parmi les chevaux que parmi les hommes : du premier abord ceux-là se frappoient de terreur, on ne pouvoit les faire avancer ; ils se dressoient les uns sur les autres, & renversoient les Cavaliers. César n'en avoit qu'un, lorsqu'il livra la bataille à Cassanollan, Roi des Bretons, & il lui suffit pour mettre toute l'Armée en fuite. C'étoit l'usage qu'en faisoient principalement les Perses, les Syriens & les Romains qui les imiterent. Quelquefois ils bâtissoient sur le dos de ces bêtes monstrueuses de

---

23 *L. 3. c. 46*

grandes tours de bois à plusieurs étages où montoient des Archers, qui tiroient en assurance ayant presque tout le corps à couvert. Dans la Bataille qu'Antiochus Eupator livra à Judas Machabée, ce Roi de Syrie avoit plus de trente Éléphans de cette sorte sur chacun desquels étoient trente-deux hommes qui lançoient des fleches de tous côtés, & un Indien qui le conduisoit. Aux Indes on les plaçoit sur le front de l'Armée à cent pas l'un de l'autre, où ils servoient de rempart contre l'ennemi, jusqu'au moment qu'il falloit les animer & les lâcher. Porus en mit deux cens sur une même ligne lorsqu'Alexandre vint l'attaquer.

Les Romains s'en servirent depuis dans la Lice & le Combat des Gladiateurs : ce fut l'an 655 de Rome qu'on en donna le spectacle pour la premiere fois. D'abord on ne les faisoit combattre que contre des Taureaux ; mais ensuite on les mit contre des hommes. Pompée à la dédicace du Temple de Venus, en lâcha 20 dans le Cirque contre des Captifs de Gétulie, peuples d'Afrique, & les circonstances de ce combat le rendirent mémorable à la postérité. Un Éléphant qui eut les pieds coupés se traîna vers un gros de Gétules qu'il enferma : il leur arrachoit leurs boucliers & les jettoit avec tant de force & d'adresse qu'aucun ne retomboit sur les Spectateurs. On eut dit qu'il les désarmoit moins par colere & par vengeance, que pour réjouir le Peuple. César donna le spectacle de vingt Éléphans contre cinq cens hommes. Les Empereurs Claude & Néron le repeterent dans la même proportion avec des Éléphans chargés de tours. Il falloit avoir excité & provoqué longtems cet Animal pour le mettre en fureur. La cruauté étoit entiérement opposée à son instinct naturel. Un Prince[24] voulant faire mettre en pieces trente hommes qui lui avoient deplu, les fit attacher à des poteaux, & lâcha contre eux autant d'Éléphans avec des Satellites qui les attaquoient pour les mettre en colere. Ils y entrerent à la vérité ; mais ce fut contre ceux qui les inquiétoient, & jamais le Prince ne put les rendre ministres de sa passion. Cet Animal respecte la foiblesse, & un ennemi qui ne lui est point égal en force. S'il passe au milieu d'un troupeau de brebis, il les range avec sa trompe de peur de les écraser en les foulant ; lorsqu'ils se battent entre eux, jamais ils n'endommagent leurs défenses pour ne pas se désarmer contre d'autres ennemis.

On ne croiroit pas que ces masses lourdes & énormes fussent susceptibles de mémoire, d'adresse & d'industrie qui ont étonné dans plusieurs. Mutianus qui avoit été trois fois Consul à Rome, assuroit en avoir vu un qui connoissoit les Lettres Grecques & qui écrivoit en arrangeant des caracteres, les mots qu'on lui disoit. Un autre ayant été

---

24 *Plin. 8. 8.*

rudement châtié par son Maître dont il ne pouvoit retenir les leçons, passa toute la nuit dans une attitude rêveuse, & exécuta parfaitement le lendemain ce qu'il n'avoit pu faire la veille.

Il y en avoit de si doux qu'un enfant de douze à treize ans les montoit, les conduisoit aisément, & leur faisoit faire tout ce qu'il vouloit[25]. Arien le moins fabuliste de tous les Anciens, dit en avoir vu un qui avoit deux cymbales aux jambes sur lesquelles il jouoit avec sa trompe un air regulier pendant que plusieurs autres dansoient en cadence autour de lui.

Il est honteux pour l'homme que cet Animal lui fasse des leçons de modestie. L'instinct lui inspire une horreur particuliere pour l'adultere & l'on raconte plusieurs traits qui le font bien connoître. Un Indien dégoûté de sa femme à qui les années avoient ôté le don de plaire, résolut de la faire mourir pour en épouser une autre qu'il aimoit passionnément. Il l'égorgea, & alla l'enterrer en secret dans l'étable de son Éléphant. Peu de jours après l'Animal voyant une nouvelle épouse, la prit avec sa trompe & l'amena à la sépulture de celle qui l'avoit précédée. Il ouvrit lui-même la fosse, & découvrit à sa nouvelle maîtresse le cadavre de la premiere. Il le lui fit regarder avec attention, & lui montra par ce trait de cruauté & de barbarie quel étoit le caractere de celui qu'elle avoit choisi pour son époux.

Un autre dans le même Royaume ayant apperçu la femme de son Maître commettre un adultere, alla sur elle & la perça de ses défenses avec son complice, pour faire connoître au mari son zéle & sa fidélité. On vit la même chose à Rome sous l'Empereur Titus, avec cette différence que l'Éléphant jetta une couverture sur les deux adulteres, afin de dérober, s'il étoit possible, la connoissance de leur faute. Cet Animal est seize ou dix-huit mois dans le ventre de sa mere, après lesquels il naît de la grosseur d'un veau. Il n'est dans sa force qu'à l'âge de cinquante ou soixante ans. Sur son dos, il a la peau comme un treillis épais, ou plutôt une barde d'armure qu'on ne sçauroit presque entamer ; mais sous le ventre elle est beaucoup plus tendre ; ce qui inspira à Eleazar de se mettre sous celui qu'il croyoit porter Antiochus, & de lui enfoncer son épée dans le corps, quoiqu'il prévît bien qu'il seroit écrasé par sa chute. Tout le monde sçait qu'il ne se couche pas pour dormir. Sa nourriture ordinaire est l'herbe & le bled ; mais il aime extrêmement les douceurs, comme le sucre d'orge, dont on lui donne pour l'apprivoiser. On fait boire du vin du Pays, c'est-à-dire, de la bierre, à ceux que l'on destine pour l'Armée. Les autres qui sont plus foibles & qui servent pour le

---

25 *Arrien in Indic. c. 14. Ælian. l. 8. c. 17.*

labourage, ne boivent que de l'eau, qu'ils aiment mieux quand elle est trouble. Ils sont exposés à différentes maladies dont les Indiens connoissent les remedes, ce qui fait vivre cet Animal deux ou trois cens ans.

Le Roi de Camboye dans le Mogol a environ cinquante Éléphans, & plusieurs entr'autres qu'on a dressés à lui faire révérence tous les matins, bardés & enharnachés fort richement, surtout aux jours de cérémonie ; ils ont une écurie toute peinte & tenue avec une grande propreté. On leur sert à manger dans des grands plats d'argent. Ils ont des Gouverneurs qui les traitent avec un air respectueux sans user jamais d'aucun ton rude, comme pour les gronder. On diroit que rien ne manque à ces Animaux que la parole, tant ils font paroître de raison, & comprennent promptement tout ce que leurs Maîtres leur apprennent[26].

Le Roi de Pegu dans les Indes a quatre Éléphans blancs, ces Animaux sont d'une force prodigieuse. Ce Prince se plaît fort à se faire traîner par ces Éléphans sur un Telanzin, qui est une espece de litiere couverte à quatre roues. Je le vis un jour, dit Vincent le Blanc en ses Voyages, qu'il fit appeller son *Nangis*, ou Cocher, pour lui faire venir son *Telanzin*, voulant aller à la promenade. Et comme il avoit auprès de lui deux de ses Éléphans, qu'il faisoit voir au Prince de *Souac*, & vantoit leur force, il y en eut un d'eux qui partit aussi-tôt, & alla prendre cette litiere avec tout son attirail, & rouage, la porta devant le Roi avec ses dents, la posa tout doucement à terre, comme si c'eût été une chose de peu de poids, quoiqu'elle pesât environ cinquante quintaux. Cette action plut tant au Roi, qu'il commanda dès-lors qu'avec sa portion ordinaire, on lui donnât tous les jours dix livres de sucre de plus. Le principal manger de cet Animal est du Ris, cuit avec du lait, mis par pelottes, & chacun en a cinquante livres pour sa portion.

26 *Voy. de Vinc. le Blanc. t. 1.*

CHAPITRE IX.

Des Tours de bois qu'on mettoit sur les Éléphans.

Della La Vallé en racontant l'entrée d'un Ambassadeur de l'Inde au Roi de Perse dans la Ville de Cashuin, parle de plusieurs Éléphans qu'il y vit, & qu'il trouva fort beaux. Deux ou trois de ces Éléphans, dit-il, avoient une tour sur le dos avec des hommes au dedans. Cette tour néanmoins n'est pas à proprement parler une tour, mais plutôt un bois de nos grands lits à pentes, qui est couvert de drap d'or. Cette machine occupe de sa longueur, la largeur de cet Animal depuis un côté jusqu'à l'autre, & elle est si spacieuse qu'un homme couché s'y peut étendre très-facilement ; mais la largeur depuis les épaules jusqu'à la croupe est bien moindre ; elle est telle néanmoins que deux personnes, un peu pressées, y pourroient dormir.

Les personnes de condition qui peuvent avoir des Éléphans, se servent de ces sortes de tours pour voyager plus commodément, & même pour faire la guerre, parce qu'ils y font entrer des fusiliers ou des Archers, & il n'est point de ces machines qui ne puisse contenir sept ou huit personnes assises sur leurs jambes, selon la coutume des Levantins. Celui qui conduit l'Éléphant se met à cheval sur le col : il ne le conduit pas avec une bride ou un frein, & ne le pique pas avec une sorte de pieux, mais avec une grosse verge de fer fort pointue par le bout, dont il se sert au lieu d'éperons, qui est crochue d'un côté, & dont le crochet est extrêmement fort & pointu, qui sert aussi de bride, en le piquant aux oreilles, au museau, & où ils savent qu'il est plus sensible. Ce fer qui tueroit tout autre Animal, fait à peine impression sur la peau de l'Éléphant, & souvent même lorsqu'il est en furie, il ne suffit pas pour le retenir en son devoir[27].

---

27 *Voyage Della Vallé, tome 4.*

DU CASTOR

CHAPITRE PREMIER.

Sur la nature & qualités du Castor.

Le Castor est un Animal amphibie, qui vit tantôt sur terre, tantôt dans l'eau, & ne s'apprivoise jamais. Il ne vit que de feuilles & d'écorces d'arbres : sa nourriture ordinaire & la plus friande est celle de l'écorce de bois de tremble ou d'osier. C'est aussi de celle-ci dont se servent les Sauvages pour appas dans les piéges qu'ils tendent à ces Animaux. Le Castor ressemble assez à la Loutre, mais il est beaucoup plus gros. La couleur de son poil tire un peu sur celle du Minime. Son corps beaucoup moins épais que large est de la grosseur à peu près de celui d'un de nos gros chiens bassets qui auroit le ventre applati. La forme de sa tête seroit assez semblable à celle d'un rat, dont il a les yeux & les oreilles, si elle n'étoit applatie à peu près comme celle d'un chat, & environ trois fois aussi grosse que cette derniere. Il a aussi les joues & le bec d'un liévre, la langue & la vessie d'un pourceau. Sa chair qui est blanche & fort délicate à manger, est un peu froide & a le sang congelé ou noirâtre, comme celui d'une carpe, d'autant que cet Animal peut dormir dans l'eau. Il a encore dans les aines, tout auprès des testicules, des bourses de la grosseur d'un œuf d'oye qui contiennent une liqueur si utile à la Médecine qu'on appelle le Castoreum : on trouve de ces bourses dans les femelles comme dans les mâles. Le Castor se sert de cette liqueur lorsqu'il est dégoûté pour se donner de l'appetit. Il la fait sortir avec la patte en pressant les testicules qui la contiennent. Il a quatre dents incisives, comme les Écureuils, les Rats & les autres Animaux qui aiment à ronger. La longueur de celles d'en bas est d'un bon pouce, & de plus de quatre pour celles d'en haut, c'est avec elles que plusieurs de ces petits Animaux ensemble peuvent scier facilement, & en peu de tems des arbres d'une grandeur & d'une grosseur énorme avec lesquels ils font leurs digues.

CHAPITRE II.

Des Digues que les Castors construisent.

Il est bon d'entendre parler là-dessus les Voyageurs eux-mêmes. J'ai eu le plaisir, dit un d'eux, de les y voir travailler. La riviere sur laquelle nous étions étoit fort navigable. Nous la descendions assez tranquillement sans avoir besoin même de nous servir de nos avirons, de sorte que nous avancions dans ces vastes solitudes sans faire aucun bruit, étant toujours aux écoutes pour voir si nous n'entendrions, ou plutôt nous ne verrions point de Castors : nous étions précisément dans des endroits où il doit y en avoir beaucoup. Tout étoit plein de digues. Un de nos compagnons qui tenoit le devant du Canot, en ayant apperçu un qui nageoit tira dessus, mais n'ayant fait que le blesser, nous ne l'eûmes point : ce coup manqué fut cause que dans le même instant je vis un peu plus loin quantité de ces Animaux s'élancer dans l'eau comme des grenouilles. Plusieurs eurent la hardiesse de venir nous approcher en montrant seulement leur tête hors de l'eau, ce qui fut cause que mes sauvages & moi tirant d'accord dans le même moment, nous en tuâmes chacun un de ceux qui s'amusoient un peu trop à plonger & à replonger ; après cet heureux coup nous allâmes à terre, & nous nous enfonçâmes un peu dans le bois pour nous cacher & guetter ces Animaux, qui, selon ce qu'il nous étoit facile de prévoir, travailloient à y faire une nouvelle digue. Une heure après je m'avisai d'aller me promener seul sur le bord de la riviere dans l'espérance d'y voir travailler quelques Castors. Je ne me trompai point dans cette idée. Mais afin d'approcher de plus près un endroit où j'avois en débarquant remarqué quelques grands arbres à moitié coupés, j'avançai doucement, ventre à terre, pour voir sans être vû, ces Animaux Architectes, dont j'avois entendu dire tant de merveilles. J'étois déja assez proche quand un certain bruit que j'entendis excitant de plus en plus ma curiosité fit que je me dressai derriere un grand arbre, pour voir plus à mon aise ce qui le causoit. Ce fut pour lors que sans branler de ma place, je vis bien cent de ces Animaux occupés à un travail aussi admirable que surprenant. Il y en avoit douze qui serrés les uns contre les autres, & dressés sur leurs pattes de derriere, scioient ou plutôt coupoient avec leurs dents un grand arbre d'environ douze pieds de circonférence, pendant que plus de cinquante autres étoient occupés à couper & traîner les branchages d'un autre arbre déja tombé. C'étoit un vrai plaisir de voir l'agilité avec laquelle ils conduisoient à la nage ces branches. Tantôt je les voyois sauter & ressauter par-dessus ces matériaux. Tantôt je ne voyois plus ni branches ni Castors, & dans d'autres momens je les appercevois en plus grand nombre sur la surface des ondes, tirant comme en colere ces mêmes branchages qui leur avoient échappés, & avec lesquels il se replongoient jusqu'au fond de la riviere.

J'en remarquai deux assis sur leur queue uniquement occupés à regarder les travailleurs, & à les empêcher d'avancer du côté que l'arbre que l'on coupoit devoit tomber : plusieurs autres de même me sembloient un peu plus loin faire, pour ainsi dire, l'office d'Inspecteurs ou de Piqueurs, pour diligenter l'ouvrage, soit en faisant hâter les paresseux, soit en aidant eux-mêmes à rouler des pierres, ou tirer leur charpente, qui embarrassoit quelquefois trop les travailleurs, soit en rechargeant ceux qui laissoient tomber le mortier que d'autres leur avoient déja chargé sur la queue. Dans le même tems d'autres, comme des especes de Maçons, préparoient ce même mortier mêlé de terre grasse que quelques-uns leur apportoient du fond de la riviere, & d'un peu de gravier ramassé sur le rivage. Ce gravier bien pétri avec ce limon, tant avec leurs queues qu'avec leurs pattes, pouvoit dans la suite devenir dur, & se conserver au fond des eaux comme un ciment capable d'affermir leurs digues, & un mortier propre à bâtir leurs cabanes. Ces animaux ont les pattes fort courtes, de façon que leur ventre posant, pour ainsi dire, à terre, ils ont de la peine à courir. C'est pourquoi de crainte d'être pris par les Chasseurs ou par des Animaux qui pourroient leur nuire, ils ne s'écartent jamais à plus de vingt ou trente pas de l'eau. Encore ont-ils des sentinelles qu'ils posent à de certaines distances pour éviter d'être surpris pendant qu'ils sont occupés à leur travail. Car au moindre cri que font ces sentinelles à l'approche, tous les travailleurs se jettent à l'eau & se sauvent jusqu'à leurs cabanes. C'est un fait que j'ai vu, ayant eu beaucoup de peine à le croire sur le rapport que l'on m'avoit fait, & si j'ai été un bon espace de tems assez proche d'eux sans en être apperçu, c'est un bonheur pour moi, ou un effet du hasard.

Pour revenir à leurs pattes, ils ont les doigts de celles de derriere joints par une membrane, comme ceux d'une oye. Celles de devant sont sans membrane, semblables à ceux des rats de montagne, & ils s'en servent comme d'une main, de même que les Écureuils ; leurs ongles sont courts, taillés de biais, & creux par dedans comme des plumes à écrire.

La queue du Castor tient plus de la nature du poisson que de celle des Animaux terrestres, aussi bien que ses pieds qui en ont le goût. Elle paroît écaillée, mais elle ne l'est point ; car si on veut essayer d'enlever cette sorte d'écaille, formant une pellicule, qui les joint ensemble, il se trouvera que ce n'est qu'une simple peau, ou parchemin d'une seule piece. Cette queue qui a onze & douze pouces de long, est de figure ovale comme une Sole, mais moins platte. C'est le morceau le plus délicat de l'Animal. Le Castor se sert de cette queue & de ses pieds de derriere pour nager ; elle lui sert aussi de battoir pour battre le mortier, ou de truelle quand il veut se bâtir une cabane.

CHAPITRE III.

De l'industrie des Castors à construire leurs Digues & leurs Maisons.

L'Instinct de ces Animaux pour venir à bout de faire leurs petites maisonnettes a quelque chose qui passe l'imagination ; car enfin pour les construire en figure de four, ou de grosses ruches à miel, il faut premiérement qu'ils ayent l'adresse & la force de faire des trous au fond de l'eau, afin d'y planter ensuite quatre ou cinq, & même six pieux qu'ils ont le soin de placer directement au milieu des rivieres, lacs, ou étangs, qu'ils arrêtent par le moyen de leurs digues. 2°. C'est sur ces pieux qu'ils bâtissent ces petites cabanes faites de terre grasse, d'herbes & de branches d'arbres. Elles doivent être sur la surface des eaux, & ont toujours trois étages pour monter de l'un à l'autre, quand les riviéres croissent par les pluyes ou par les dégels ; afin que leurs petits n'en soient point incommodés. Leurs planchers sont de joncs & chaque Castor a sa chambre à part : ils entrent dans ces nids par dessous l'eau, où l'on voit un grand trou au premier plancher, environné de bois de tremble coupé par morceaux, qu'ils peuvent tirer facilement dans leurs cellules lorsqu'ils ont envie de manger. Comme c'est leur nourriture ordinaire, ils ont toujours la précaution d'en faire un grand amas & surtout durant l'Automne, prévoyant que les gelées doivent glacer leurs étangs, & les tenir enfermés deux ou trois mois dans leurs cabanes. C'est aussi pour cette raison qu'ils font tant de digues afin que leurs provisions puissent être arrêtées, & ne point suivre le courant de l'eau. Ces digues sont si stables que nos plus habiles Maçons auroient bien de la peine à faire des murailles à chaux & à ciment, qui fussent plus fortes. Elles ont quatre & souvent plus de cinq cens pas de longueur sur vingt pieds de hauteur & sept ou huit d'épaisseur. Un pareil ouvrage commencé par une centaine de ces Animaux se trouvera fini & parfait au bout de six mois de tems, sans qu'il soit besoin d'un plus grand nombre de travailleurs, tant ils agissent avec vivacité & diligence. On diroit à les entendre sans les voir dans ces occupations, que ce sont des hommes qui travaillent, si on n'étoit persuadé que ce sont des Castors. Pour moi, continue le Voyageur, je crois sur ce qui s'est passé sous mes yeux que ces Animaux font une société d'une centaine d'entre eux, se choississant un canton pour y vivre séparément des autres Castors. Il semble même qu'ils se parloient pendant que je les voyois travailler, & qu'ils raisonnoient ensemble par des tons plaintifs & dolens, à peu près comme ceux que nous font entendre quelquefois nos poules & nos canards, avec cette distinction néanmoins, que ces Amphibies me sembloient attentifs aux différens sons de voix les uns des autres pour agir conformément à l'intention de ceux qui s'exprimoient par leurs petits tons non articulés. Ce qui est certain du moins, c'est qu'ils s'entendent bien entr'eux.

Ces laborieux Animaux avant de construire leurs digues examinent premiérement les bords des petites rivieres afin de voir s'ils n'y trouveront point des deux côtés d'assez grands arbres vis-à-vis les uns des autres pour qu'ils puissent les croiser par leur chute.

Il n'importe pour la grosseur, car, ainsi qu'on l'a déja dit, les plus gros ne leur font point de peur : au contraire ce sont les meilleurs, & ceux ausquels ils semblent s'attacher le plutôt ; mais pour en venir à bout avec plus de facilité, ils ont l'instinct d'observer auparavant de quel côté donne le vent afin d'en profiter ; ce qui leur est indifférent d'ailleurs pour leur ouvrage : car si les vents changent de face, les Castors quittent aussi-tôt leur entreprise de ce côté pour aller faire le même travail d'un autre, pourvu néanmoins qu'ils leur soient favorables, & puissent les aider à renverser leurs arbres en travers. Et si les vents ne changent pas, ils s'occupent à couper avec leurs dents incisives les branches de ceux qui sont déja tombés, & à les entrelasser les unes dans les autres. Ensuite ils se chargent d'herbes & de mortier, qu'ils traînent sur leur queue, & les jettent entre ces bois avec tant d'art & d'industrie, que les plus habiles en maçonnerie auroient bien de la peine à faire un édifice qui fût, pour son épaisseur, aussi ferme & aussi permanent que l'est celui de ces Animaux.

Si les Castors se trouvent dans un lieu où il y ait une grande quantité de bois de tremble pour subvenir en cas de besoin à leurs provisions, & que ce lieu soit seulement traversé d'un ruisseau ; ils se déterminent sur le champ à y faire des digues & des chaussées de la maniere que l'on a dit, lesquelles arrêtant le cours de l'eau, causent une inondation dans cet endroit, qui a quelquefois deux lieues de circonférence. L'Auteur ajoute, qu'il marcha un peu-avant sur une de leurs digues quoiqu'elle ne fût qu'imparfaite, & que l'eau passât à travers en beaucoup d'endroits. Je croyois, dit-il, à la voir par en haut, qu'elle n'avoit que trois pieds de large ; mais le Sauvage qui m'accompagnoit me fit voir avec sa perche qu'elle pouvoit avoir plus de douze pieds d'épaisseur dans le fond de l'eau.

Les Castors n'ont que les hommes à craindre.

Ce qu'il y a de remarquable à l'égard des Castors, c'est que tous les autres Animaux qui sont sur la terre & dans la mer en ont d'autres à craindre, quelque forts, agiles & vigoureux qu'ils soient ; mais les Castors n'ont uniquement que les hommes à appréhender ; car les Loups, les Renards, les Ours, n'ont garde d'aller les attaquer dans leurs cabanes, quand même ils auroient la faculté de plonger. Et il est sûr qu'ils n'y trouveroient pas leur compte d'autant que les Castors s'en déferoient aisément avec leurs dents tranchantes. Il n'y a donc qu'à terre qu'ils pourroient être insultés, & c'est ce qui fait que quoiqu'ils ne s'écartent jamais beaucoup du bord de l'eau, ils ont des sentinelles qui crient lorsqu'ils entendent le moindre bruit[28].

DES DAUPHINS, DES PIGEONS, DES FOURMIS, CONNOISSANCE DES BÊTES

CHAPITRE PREMIER.

De la nature du Dauphin.

Le Dauphin est le plus célèbre de tous les poissons. Les Anciens n'en ont parlé qu'avec des termes d'admiration[29]. Il n'en est point, selon eux qui nage avec plus de vîtesse & de légéreté : il passe le vol d'un oiseau, & il atteint presque à la rapidité du trait : il est seul qui ne puisse pas vivre, la tête dans l'eau. Lorsqu'il plonge pour attraper les poissons, dont il fait sa proye, il revient avec tant d'agilité, qu'on en voyoit s'élever par-dessus les voiles d'un Navire : il aime à s'approcher des hommes. Il joue agréablement devant les vaisseaux, & a une sorte de cri semblable à un gémissement de tendresse. Ils disent tous que cet Animal étoit commun dans la mer des Indes, dans l'Archipel, & dans l'Océan Atlantique. Ils lui attribuent un instinct de douceur & de reconnoissance qui pourroit aller de pair avec les plus beaux sentimens de l'humanité. Enfin les Mythologues ont étendu leurs fictions jusques sur cet Animal, dont ils ont fait une constellation.

Mais les Naturalistes modernes prétendent que le Dauphin est un Animal imaginaire, qui n'exista jamais dans la nature tel qu'on le dépeint. Ils veulent que ce soit le Porc marin, ou le Thon, ou la Lamie, ou le Lamantin ; & il est vrai qu'on ne voit aujourd'hui aucun poisson qui ressemble au Dauphin tel qu'il est dépeint dans les Armoiries & sur la Couronne du Premier Fils de France : les meilleurs Auteurs qui en ont donné la figure le représentent à peu près de la figure du Thon ou du Marsouin ; il est constant que ceux-ci font plusieurs choses qui approchent de la familiarité qu'on attribue au Dauphin. Et il seroit absurde de penser que tout ce que tant d'Écrivains ont dit de cet Animal fussent autant de fables & d'impostures.

Voici ce qu'en dit Corneille le Bruyn, un des meilleurs & des plus sinceres Voyageurs que nous ayons. Près de Mangeloor nous prîmes le

---

29 *Plin. 9. 8. Strab. 15. 119. Æliant 12. 12.*

30 novembre 1705 des Dauphins, tant avec des harpons qu'avec des hameçons. On attache à ceux-ci un paquet de petites plumes, & on les jette en mer au bout d'un cordeau qui tient à une perche. Les Dauphins qui prennent ces petites plumes pour des poissons volans dont ils se repaissent, voltigent continuellement autour du vaisseau, jusqu'à ce qu'ils soient pris. Cela est d'autant moins extraordinaire que ces petits poissons qui craignent les Dauphins volent autant qu'ils peuvent au-dessus de la surface de la mer, & le font même assez loin : mais comme ils se replongent souvent dans l'eau, les Dauphins s'en saisissent, comme je l'ai vu souvent. J'en ai conservé trois dans l'esprit de vin, qui étoient tombés en volant sur le tillac de notre vaisseau, chose fort extraordinaire. Nous primes un de ces Dauphins qui avoit quatre pieds de long, & la tête grosse de dix pouces. Ils ont le ventre jaune tacheté de bleu jusqu'aux yeux : le reste en est d'un bleu clair avec des taches d'un bleu plus foncé, surtout autour de la tête. Les nageoires en sont violettes, vertes & blanches avec du jaune aux extrémités. Ils changent de couleur en mourant, & ressemblent à de la porcelaine. Ils ont une nageoire sur le dos depuis le coû jusqu'à la queue : deux autres sur le ventre proche du coû, & une autre à chaque côté de la tête ; la queue fourchue & la prunelle de l'œil entourée d'un cercle blanc avec une petite bouche & de petites dents. Au reste la tête des mâles est beaucoup plus grosse que celle des femelles, & ils ont plus d'intestins. On les mange apprêtés comme la Merluche, & ils ont assez bon goût. Selon la figure qui est représentée au même endroit, & dessinée de la main de l'Auteur, le Dauphin a la tête écrasée comme la Solle, mais ronde, & proportionnée à un poisson de quatre pieds, le corps presque semblable à l'Esturgeon, l'arête extérieure du dos de même qu'à la perche, & la queue fourchue comme celle des Maquereaux.

CHAPITRE II.

Qualités admirables du Dauphin, & dont les Histoires anciennes font mention.

On attire aisément le Dauphin sur le rivage par le chant ou le son d'un instrument de Musique, ou l'appas de quelque nourriture. Il reconnoît ceux qui lui font du bien, & s'afflige quand il les voit se retirer. On a peint & admiré avec plaisir l'Histoire qui arriva sous l'Empire d'Auguste, & qui fut attestée par Mécenas, & plusieurs grands hommes de ce siécle. Un Enfant de Baies obligé d'aller souvent à Pouzolle aux Écoles publiques avoit apprivoisé un Dauphin, en passant le Golphe qui séparoit les deux Villes. Le poisson remarqua le tems où le jeune homme venoit s'embarquer, & l'attendit sur le rivage. Il joua longtems auprès de lui pour gagner son amitié & sa confiance. Il l'engagea par ses mouvemens à monter sur son dos, & le transporta à l'autre bord. Après la classe de l'Écolier, le dauphin vint le prendre & le remit au port de Baies. Cet exercice continua sans interruption pendant plusieurs années, & toute la Ville accouroit pour en être témoin : mais l'enfant ayant été attaqué d'une maladie dont il mourut, le Dauphin erroit sans cesse sur le rivage, & ne voyant plus venir celui qu'il aimoit, il se laissa mourir de langueur.

La même chose arrivée en plusieurs endroits devient plus croyable. On l'a vu à Alexandrie sous Ptolomée Philadelphe avec des circonstances particulieres. Un Dauphin s'approcha d'une compagnie de jeunes gens qui se baignoient dans la mer, & après les avoir tous examinés, il s'attacha à celui qui étoit le plus beau. Il vint auprès de lui, & d'abord le jeune homme en fut effrayé ; mais voyant que le poisson cherchoit à lui plaire il se rassura, il monta sur son dos, & se promena longtems dans la mer, en le conduisant comme il vouloit. Il y revint à différentes reprises, & cet exercice fut un spectacle public. Malheureusement il donna autant d'affliction qu'il avoit causé de plaisir. Un jour le Dauphin manqua de coucher assez bas les arêtes qu'il a sur son dos ; il en entra une dans la chair de celui qu'il portoit qui lui perça une veine, & lui fit perdre tout son sang. Le poisson sentant le jeune homme sans connoissance le ramena sur le bord, & le voyant prêt à expirer, il voulut s'en punir lui-même, & demeura sur le sable, où il mourut[30].

Cæranus Négociant de Paros, vit à Bizance des Pêcheurs qui avoient pris des Dauphins, & qui se préparoient à les égorger. Il les acheta, & les fit remettre dans la mer. L'instinct leur inspira tout ce qu'auroit pu leur dicter la raison. Ils s'attacherent au vaisseau de Cæranus qui revenoit en Grece, le sauverent du naufrage que fit son Navire, & le conduisirent à Paros. Cæranus conserva depuis une sorte de commerce avec eux. Quand il fut mort ses parens l'inhumerent sur le bord de la mer. On ne sçait comment les Dauphins en eurent connoissance. Ils s'approcherent du bucher le plus qu'il fut possible & y demeurerent jusqu'à ce qu'il fut consumé, comme pour assister à ses funérailles.

30 *Ælian l. 3. c. 3.*

CHAPITRE III.

Des Pigeons Messagers, ou Courriers Porteurs de Lettres.

Les Bachas de Turquie, & autres, ont une maniere admirable pour donner des avis en diligence, par le moyen des Pigeons, dans ces lieux écartés ou inaccessibles ; & tout comme le Tasse le décrit dans son Poëme *de la Jerusalem délivrée*. Pline même entre plusieurs anciennes Histoires, en rapporte une arrivée en Italie parmi les Romains pendant le Siége de Modene. Pour confirmer cette vérité, voici ce que rapporte Pietro Della Vallé dans ses Voyages en Turquie, en Égypte, dans la Palestine, en Perse, & aux Indes Orientales.

Ces jours passés un *Chiaoux* eut ordre, de la part du premier *Visir* qui demeure à *Alep*, d'aller au Caire pour demander des Troupes au *Bacha*, par un Arabe qui y alla à pied. Et en même tems le Gouverneur du lieu envoya les nouvelles au même *Bacha* par un Pigeon qui y arriva en un jour, & sçut d'abord ce qui se passoit, c'est-à-dire, la substance de ce que le Messager portoit. Cet homme cependant qui devoit arriver en six jours, parce que cela est reglé ; six journées d'un homme de pied vont toujours pour une de Pigeon ; je ne sai par quel accident, demeura deux jours davantage sur le chemin avec ses Lettres, tellement qu'on ne l'attendoit presque plus : à la fin néanmoins il arriva, & comme j'avois été présent à tout ceci, je voulus, par curiosité, sçavoir à fond cette Histoire, & voici ce que j'en ai appris. Ils ont partout des colombiers exprès : or celui du Caire étoit dans le Château où demeure le Bacha. Ces colombiers sont sous la conduite de quelques hommes qui en ont soin, & qui y nourrissent plusieurs couples de Pigeons mâles & femelles appariés depuis quelques mois ; mais de tems en tems ils les séparent, & retenant les femelles dans le colombier, ils envoyent les mâles dans des cages deçà & delà, en plusieurs Villes, d'où ils peuvent espérer quelquefois des nouvelles, ou avec lesquelles ils sont en correspondance ; & là, ils sont conservés par ceux qui en ont soin ; &

quand les affaires obligent de donner quelque avis au Caire, ou en quelque autre Ville, on prend un de ces Pigeons mâles désappariés, parce que l'homme qui les gouverne connoît fort bien quel est celui du colombier du Caire, & quel est celui du colombier d'une autre Ville où il faut porter la nouvelle ; & ayant écrit succinctement le sujet de cette Ambassade sur un petit morceau de papier, on le plie adroitement, & pour se précautionner contre la pluye, ou les autres eaux qui pourroient ruiner leurs desseins, ils le couvrent de cire, le lient ensuite sous l'aile du Pigeon, & le matin suivant, après lui avoir donné du grain tout son saoul de peur qu'il ne s'arrête ailleurs, ils le lâchent, & le Pigeon s'en va droit au colombier où est sa femelle. Or, comme on l'a déja dit, il fait en un jour le trajet qu'un homme de pied ne sçauroit faire qu'en six, & ne se repose jamais. Si le chemin est plus long, il se repose lorsque les forces lui manquent ; mais enfin il va toujours & ne manque point d'arriver à point nommé dans cet espace de tems. Étant parvenu au colombier, celui qui en a soin & qui le visite souvent, reconnoît le Pigeon d'abord ; & l'ayant pris à quelque heure qu'il le trouve, sans oser le visiter davantage, il le porte immediatement au Bacha, ou au Gouverneur de la ville qui y sera, ou à celui qui commande dans le lieu lequel coupe le filet, lit le papier & donne ordre que le Pigeon soit remis dans le colombier jusqu'à ce qu'on le renvoye dehors une autre fois, afin que dans une semblable occasion, il puisse raporter des nouvelles[31].

---

31 *De la Vallé tome 1.*

CHAPITRE IV.

De certaines Fourmis de la Côte d'Or, de leurs Loges, & des ravages qu'elles font.

Les fourmis font leurs nids ou leurs loges au milieu des champs & sur les collines. Ces habitations qu'elles composent avec un art admirable sont quelquefois de la hauteur d'un homme. Elles se bâtissent aussi de grands nids sur des arbres fort élevés & souvent elles viennent de ces lieux dans les forts Hollandois en si grand nombre, qu'elles mettent les Facteurs dans la nécessité de quitter leurs lits. Leur voracité est surprenante. Il n'y a point d'Animal qui puisse s'en défendre, elles ont souvent dévoré des Moutons & des Chevres. Bosman rapporte que dans l'espace d'une nuit elles lui ont mangé un Mouton avec tant de propreté que le plus habile Anatomiste n'en auroit pas fait un si beau Squelette ; un poulet n'est pour elles que l'amusement d'une heure ou deux.

Les fourmis sont de plusieurs sortes, grandes, petites, blanches, noires & rouges. L'aiguillon de ces dernieres cause une inflammation très-violente & très-douloureuse. Les blanches sont aussi transparentes que le verre & mordent avec tant de force, que dans l'espace d'une nuit elles s'ouvrent le passage dans un coffre de bois fort épais en y faisant autant de trous que s'il avoit été percé d'une décharge de petit plomb. Aux environs d'Acra leur nombre est prodigieux : elles y font des nids de dix ou douze pieds de haut. La forme en est pyramidale & la composition si ferme & si solide qu'il n'est pas aisé de les détruire ; on y est étonné, en les démolissant, de la variété des loges & des divisions qu'on y découvre. Les unes sont remplies de provisions, quelques-unes d'excremens, & d'autres servent uniquement d'habitations. Smith dit qu'elles bâtissent leurs nids en élevant de petits monts de la hauteur de sept ou huit pieds ; mais si pleins de trous qu'on les prendroit pour des gauffres de miel. La circonférence de ces édifices est petite à proportion de leur hauteur. Le sommet est si pointu que le moindre vent paroît capable de l'abbatre. Un jour l'Auteur entreprit d'en briser un avec sa canne, & aussi-tôt des milliers de Fourmis coururent à la porte de son logis. Il prit le parti de la fuite, se souvenant que ces insectes avoient souvent attaqué des poules & quelquefois des moutons avec tant de succès que dans l'espace d'une nuit, elles n'y avoient laissé que les os. Il ajoute sur sa propre experience que la morsure d'une Fourmi noire cause des douleurs inexprimables, quoiqu'elle n'ait pas d'autre chef dangeureux.

On distingue aisément à la tête de leurs bataillons trente ou quarante guides qui surpassent les autres en grosseur & qui dirigent leur marche. Leurs exécutions se font ordinairement la nuit, elles visitent souvent les Européens dans leurs lits & les forcent de se mettre à couvert dans quelque autre lieu. S'il oublient derriere eux quelques provisions de bouche, ils doivent être sûrs que tout sera dévoré avant le jour. L'armée des Fourmis se retire avec beaucoup d'ordre & toujours chargée de quelque butin.

Pendant le séjour que l'Auteur fit au Cap un grand corps de Fourmis vint au Château. Il étoit presque jour lorsque l'avant-garde entra dans la Chapelle où quelques domestiques Negres étoient endormis sur le plancher. Ils furent reveillés à leur arrivée & l'Auteur s'étant levé au bruit, eut peine à revenir de son étonnement. L'arriere-garde étoit encore à la distance d'un quart de mille. Après avoir tenu conseil sur cet incident on prit le parti de mettre une longue traînée de poudre sur le sentier que les Fourmis avoient tracé & dans tous les endroits où elles commençoient à se disperser, on en fit sauter ainsi plusieurs millions qui étoient déja dans la Chapelle. L'arriere-garde ayant reconnu le danger, tourna tout d'un coup & regagna directement ses habitations.

Si les Fourmis n'ont point un langage, comme les Negres & plusieurs Européens se le sont imaginés ; on ne peut douter, ajoute l'Auteur, qu'elles n'ayent quelque maniere de se communiquer leurs intentions. Il s'en convainquit par l'expérience suivante. Ayant découvert, à quelque distance des nids, quatre Fourmis qui paroissoient être à la chasse, il tua un Cockroach & le jetta sur le chemin. Elles passerent quelques momens à reconnoître si c'étoit une proye qui leur convînt. Ensuite une d'entr'elles se détacha pour porter l'avis à leur habitation, tandis que les autres demeurerent à faire la garde autour du corps mort. Bien-tôt l'Auteur fut surpris d'en voir paroître un grand nombre qui vinrent droit au corps, & qui ne tarderent point à l'entraîner. Dans d'autres occasions où il prit plaisir à renouveller la même expérience ; il observa que si le premier détachement ne suffisoit pas pour la pesanteur du fardeau, les

Fourmis renvoyoient un second messager qui revenoit avec un renfort[32].

---

32 *Voy. de Smith. tom. Hist. Gén. des Voy.*

CHAPITRE V.

Sur la connoissance que doivent avoir les Bêtes.

Il n'est pas possible de concevoir que les Animaux ou les Bêtes ne soient que de simples machines, ainsi que l'a prétendu Descartes.

Ce systeme a révolté toutes les personnes qui refléchissent, car comment concevoir que des ressorts seuls président à la prévoyance, à l'adresse, à la finesse & aux ruses sur lesquelles plusieurs Animaux donnent aux hommes des leçons ? Comment comprendre que les ressorts font qu'un Chien distingue son Maître entre plusieurs personnes, qu'il ne prend jamais le change, qu'il le caresse, qu'il le défend lorsqu'il est attaqué, qu'il lit dans ses yeux, qu'il reçoit ses leçons & les pratique, qu'il fait sentinelle lorsque ce Maître dort en plein champ ? Allons plus loin. Comment concevoir que ce chien, pure machine, par l'unique effet des ressorts donne tous les signes les plus évidents de l'attachement au point de rester sur la tombe de son Maître, de refuser toute nourriture & de paroître pénétré d'une vive douleur pendant plusieurs jours, quoiqu'il n'en ait fallu qu'un aux enfans du défunt pour se consoler de sa perte.

Je défie à tous les Cartésiens du monde de persuader à quelqu'un & paticuliérement à tous ceux qui ont un Chien dont ils ont lieu d'être satisfaits à cause de son adresse & de son attachement, que leur Chien n'est qu'une machine. Comprenez le ridicule qui en resulteroit pour tout ce que nous sommes qui aimons des Chevaux, des Chiens, des Oiseaux. Représentez-vous un homme qui aimeroit sa montre comme on aime un Chien, & qu'il caresseroit par ce qu'il s'en croiroit aimé au point que quand elle marque midi & une heure, il se persuaderoit que c'est par un sentiment d'amitié pour lui, & avec connoissance de cause qu'elle fait ses mouvemens. Voilà précisement, si l'opinion de Descartes étoit vraie, la folie de tous ceux qui croyent que leurs Chiens leur sont attachés & les aiment avec connoissance, & ce qu'on appelle sentiment.

On voit plusieurs Animaux & entre autres les Chiens se purger par le secours de quelques herbes qu'ils vont chercher. Les Moineaux se purgent aussi & purgent leurs petits avec des araignées ou d'autres insectes. Les Pigeons & beaucoup d'Oiseaux mangent du gravier pour faciliter leur digestion. Ce sont, dit-on, les Cicognes qui ont appris à l'homme l'usage des clysteres.

Le Lecteur sera sans doute bien aise qu'à cette occasion on lui remette sous les yeux cet endroit des Fables de la Fontaine, où ce celébre Poëte a fait voir avec son enjouement inimitable combien le systeme de Descartes sur la nature des Bêtes lui paroissoit absurde.

...... Ne trouvez pas mauvais,
Qu'en ces Fables... j'entremêle des traits
    De certaine Philosophie
    Subtile, engeante & hardie.
On l'apelle nouvelle. En avez-vous ou non
    Oüi parler ? Ils disent donc
    Que la Bête est une machine ;
Qu'en elle tout se fait sans choix & par ressorts :
Nul sentiment, point d'ame, en elle tout est corps.
     Telle est la Montre qui chemine,
À pas toujours égaux, aveugle & sans dessein,
    Ouvrez-la, lisez dans son sein :
Mainte roue y tient lieu de tout l'esprit du monde.
    La premiere y meut la seconde,
Une troisiéme suit, elle sonne à la fin.
Au dire de ces gens la Bête est toute telle :
    L'objet la frappe en un endroit :
    Ce lieu frappé s'en va tout droit
Selon nous au voisin en porter la nouvelle ;
Le sens de proche en proche aussi-tôt la reçoit.
L'impression se fait, mais comment se fait-elle ?
    Selon eux par necessité,
    Sans passion, sans volonté :
    L'animal se sent agité
De mouvemens que le vulgaire appelle
Tristesse, joie, amour, plaisir, douleur cruelle,
    Ou quelque autre de ces états ;
Mais ce n'est point cela ; ne vous y trompez pas.
Qu'est-ce donc ? Une Montre. Et nous ?
    C'est autre chose.

Voici de la façon que Descartes l'expose,
Descartes ce mortel dont on eût fait un Dieu
   Chez les Payens, & qui tient le milieu,
Entre l'homme & l'esprit, comme entre l'huître & l'homme
Le tient tel de nos gens, franche bête de somme.
Voici, dis-je, comment raisonne cet Auteur,
Sur tous les Animaux enfans du Créateur,
J'ai le don de penser, & je sais que je pense,
Or vous savez, Iris, de certaine science,
   Que quand la Bête penseroit,
   La Bête ne réfléchiroit
   Sur l'objet, ni sur sa pensée.
Descartes va plus loin, & soutient nettement,
   Qu'elle ne pense nullement.
   Vous n'êtes point embarrassée
De le croire ? ni moi. Cependant quand aux bois
   Le bruit des Cors, celui des voix
N'a donné nul relâche à la fuyante proie,
   Qu'en vain elle a mis ses efforts
   À confondre & broüiller la voie,
L'animal chargé d'ans, vieux Cerf, & de dix cors,
En suppose un plus jeune, & l'oblige par force,
À présenter aux chiens une nouvelle amorce.
   Que de raisonnemens pour conserver ses jours !
Le retour sur ses pas, les malices, les tours,
   Et le change, & cent stratagèmes
Dignes des plus grands chefs, dignes d'un meilleur sort !
   On le déchire après sa mort ;
   Ce sont tous ses honneurs suprêmes.

   Quand la Perdrix
   Voit ses petits
En danger, & n'ayant qu'une plume nouvelle,
Qui ne peut fuir encor par les airs le trépas,
Elle fait la blessée, & va traînant de l'aile,
Attirant le Chasseur & le Chien sur ses pas,
Détourne le danger, sauve ainsi sa famille,
Et puis quand le Chasseur croit que son Chien la pille,
Elle lui dit adieu, prend sa volée, & rit
De l'homme, qui confus, des yeux en vain la suit.

   Non loin du Nord il est un monde,
   Où l'on sait que les habitans

Vivent ainsi qu'aux premiers tems,
　　Dans une ignorance profonde :
Je parle des humains : car quant aux Animaux,
　　Ils y construisent des travaux,
Qui des torrens grossis arrêtent le ravage,
Et font communiquer l'un & l'autre rivage.
L'édifice résiste, & dure en son entier ;
Après un lit de bois, est un lit de mortier :
Chaque Castor agit : commune en est la tâche :
Le vieux y fait marcher le jeune sans relâche.
Maint maître d'œuvre y court, & tient haut le bâton.
　　　　La République de Platon,
　　　　Ne seroit rien que l'apprentie
　　　　De cette famille amphibie.
Ils savent en hyver élever leurs maisons,
　　　　Passent les Étangs sur des ponts,
　　　　Fruit de leur art, savant ouvrage ;
　　　　Et nos pareils ont beau le voir,
　　　　Jusqu'à présent tout leur savoir
　　　　Est de passer l'onde à la nage.
Que ces Castors ne soient qu'un corps vuide d'esprit,
Jamais on ne pourra m'obliger à le croire :
Mais voici beaucoup plus : écoutez ce recit,
　　　　Que je tiens d'un Roi plein de gloire.
Le défenseur du Nord vous sera mon garant :
Je vais citer un Prince aimé de la Victoire :
Son nom seul est un mur à l'Empire Ottoman :
C'est le Roi Polonois, jamais un Roi ne ment.
　　　　Il dit donc que sur sa frontiere
Des animaux entr'eux ont guerre de tout tems :
Le sang qui se transmet des peres aux enfans,
　　　　En renouvelle la matiere.
Ces animaux, dit-il, sont germains du Renard.
　　　　Jamais la guerre avec tant d'art
　　　　Ne s'est faite parmi les hommes,
　　　　Non pas même au siécle où nous sommes.
Corps de garde avancé, vedettes, espions,
Embuscades, partis, & mille inventions
D'une pernicieuse & maudite science,
　　　　Fille du Styx, & mere des Héros ;
　　　　Exercent de ces animaux
　　　　Le bon sens & l'expérience.
Pour chanter leurs combats, l'Acheron nous devroit

Rendre Homère. Ah s'il le rendoit,
Et qu'il rendit aussi le Rival d'Épicure ![33]
Que diroit ce dernier sur ces exemples-ci ?
Ce que j'ai déja dit, qu'aux Bêtes la nature
Peut par ses seuls ressorts opérer tout ceci ;
           Que la mémoire est corporelle ;
Et que pour en venir aux exemples divers
           Que j'ai mis au jour dans ces vers,
           L'animal n'a besoin que d'elle.
L'objet lorsqu'il revient, va dans son magasin.
           Chercher par le même chemin
           L'image auparavant tracée,
Qui sur les mêmes pas revient pareillement,
           Sans le secours de la pensée,
           Causer un même événement.
           Nous agissons tout autrement.
           La volonté nous détermine,
Non l'objet : ni l'instinct. Je parle, je chemine :
           Je sens en moi certain agent :
           Tout obéit dans ma machine
           À ce principe intelligent.
Il est distinct du corps, se conçoit nettement,
           Se conçoit mieux que le corps même.
De tous nos mouvemens c'est l'arbitre suprême.
           Mais comment le corps l'entend-il ?
           C'est-là le point : je vois l'outil
Obéir à la main : mais la main, qui la guide ?
Eh qui guide les Cieux, & leur course rapide ?
Quelqu'Ange est attaché peut-être à ces grands corps.
Un Esprit vit en nous, & meut tous nos ressorts :
L'impression se fait, le moyen, je l'ignore.
On ne l'apprend qu'au sein de la Divinité,
Et s'il faut en parler avec sincérité,
           Descartes l'ignoroit encore.
Nous & lui, là-dessus, nous sommes tous égaux.
Ce que je sais, Iris, c'est qu'en ces animaux
           Dont je viens de citer l'exemple,
Cet Esprit n'agit pas, l'homme seul est son temple.
Aussi faut-il donner à l'animal un point,
           Que la plante après tout n'a point.
           Cependant la plante respire :

---

33 *Descartes.*

Mais que répondra-t'on à ce que je vais dire ?

Deux Rats cherchoient leur vie, ils trouverent un œuf.
Le diné suffisoit à gens de cette espéce,
Il n'étoit pas besoin qu'ils trouvassent un Bœuf.
       Pleins d'appétit & d'allégresse,
Ils alloient de leur œuf manger chacun sa part ;
Quand un Quidam parut. C'étoit maître Renard :
       Rencontre incommode & fâcheuse.
Car comment sauver l'œuf ? Le bien empaqueter,
Puis des pieds de devant ensemble le porter,
       Ou le rouler, ou le traîner ;
C'étoit chose impossible, autant que hazardeuse.
       Nécessité l'ingénieuse
       Leur fournit une invention.
Comme ils pouvoient gagner leur habitation,
L'écornifleur étant à demi quart de lieue ;
L'un se mit sur le dos, prit l'œuf entre ses bras.
Puis, malgré quelques heurts & quelques mauvais pas,
       L'autre le traîna par la queue.
Qu'on m'aille soûtenir, après un tel recit,
       Que les Bêtes n'ont point d'esprit.

Pour moi, si j'en étois le maître,
Je leur en donnerois aussi bien qu'aux enfans.
Ceux-ci pensent-ils pas dès leurs plus jeunes ans ?
Quelqu'un peut donc penser, ne se pouvant connoître.
       Par un exemple tout égal,
       J'attribuerois à l'animal,
Non point une raison selon notre maniere :
Mais beaucoup plus aussi qu'un aveugle ressort[34].

---

34 *Tel que Descartes* l'attribue *à tous les Animaux différens de l'Homme.*

CHAPITRE VI.

Duel ou Combat d'un Chien entre un Gentil-homme de la Cour du Roi Charles V. dit le Sage.

Autrefois les Princes Souverains permettoient le duel lorsqu'il s'agissoit de crime capital commis secrettement, mais l'avanture suivante est bien plus étrange, qu'on ait accordé le combat à une bête contre un homme & contrait un homme d'entrer en combat & à se mesurer avec une Bête. L'Histoire en est admirable, & on la voit peinte sur le manteau d'une des cheminées de la grande Salle du Château de Montargis, le Roi Charles V. ayant eu soin de l'y faire représenter pour une marque des jugemens de Dieu admirables.

Il y avoit un Gentil-homme que quelques-uns qualifient avoir été Archer des Gardes du Roi, & que je crois plutôt devoir nommer un Gentil-homme ordinaire ou un Courtisan, parce que l'Histoire Latine dont on a tiré ceci le nomme *Aulicus*, il est nommé par quelques Historiens le Chevalier Macaire. Cet homme étant envieux de la faveur que le Roi portoit à un de ses Compagnons nommé Aubri de Mondidier l'épia si souvent qu'enfin il l'attrapa dans la forêt de Bondi accompagné seulement de son Chien que quelques Historiens & notamment le Sieur d'Audiguier disent avoir été un Levrier d'attache, & trouvant l'occasion favorable pour satisfaire sa fureur, le tua & puis l'enterrra dans la forêt, se sauva après le coup & revint à la Cour faire bonne contenance. Le Chien de son côté ne bougea jamais de dessus la fosse où son Maître avoit été mis jusqu'à ce que faim dévorante le contraignit de venir à Paris où le Roi étoit, pour demander du pain à un ami de feu son Maître, & puis il s'en retournoit sur le champ au lieu où son Maître étoit enterré. Continuant assez souvent cette façon de faire, quelques-uns de ceux qui le virent aller & venir tout seul hurlant & se plaignant & semblant par des aboys extraordinaires vouloir découvrir sa douleur & déclarer le malheur de son Maître, le suivirent dans la forêt & observant exactement tout ce qu'il feroit, virent qu'il s'arrêtoit sur un lieu où la terre paroissoit avoir été remuée, ce qui les ayant obligés d'y faire fouiller, ils y trouverent le corps mort, lequel ils honorerent d'une plus digne sepulture sans pouvoir découvrir l'auteur d'un si exécrable crime. Comme donc ce pauvre Chien étoit demeuré à quelques-uns des parens du défunt & qu'il les suivoit, il apperçut fortuitement le meurtrier de son premier Maître & l'ayant choisi au milieu de tous les autres Gentils-hommes, il l'attaqua avec grande violence, lui sauta au collet & fit tout ce qu'il put pour le mordre & pour l'étrangler. On le bat, on le chasse, il revient toujours, & comme on l'empêche d'approcher, il se tourmente & aboye de loin, adressant ses menaces du côté qu'il sent que s'est sauvé l'assassin. Mais comme il continuoit ses assauts toutes les fois qu'il rencontroit cet homme, on commença de soupçonner quelque chose du fait, d'autant que cet animal plus reconnoissant & plus fidéle envers son Maître que n'auroit été un autre serviteur n'en vouloit qu'au meurtrier & ne cessoit de lui vouloir courir sus pour en tirer vengeance. Le Roi étant averti par quelques-uns des siens de l'obstination de ce Chien qui avoit été reconnu appartenir au Gentil-homme qu'on avoit trouvé enterré, voulut voir les mouvemens de cette pauvre Bête. L'ayant donc fait venir devant lui il commanda que le Gentil-homme soupçonné de ce crime, se cachât au milieu de tous les Courtisans qui étoient alors en grand nombre ; alors le Chien avec sa furie accoutumée alla choisir son homme entre tous les autres. Et comme s'il se fût senti assisté de la présence du Roi, il se jetta plus furieusement sur lui & par un pitoyable aboy sembloit crier vengeance, & demander justice à ce sage Prince. Il l'obtint aussi, car ce cas lui ayant paru étonnant & extraordinaire, & joint avec quelques autres indices, il fit venir devant lui le Gentil-homme soupçonné ; il l'interrogea, & le pressa fort vivement pour apprendre la vérité de ce que le bruit commun & les attaques & abboyemens de ce Chien déposoient contre lui, vu que c'étoit comme autant d'accusations. Mais la honte & la crainte de mourir par un supplice honteux rendirent tellement obstiné & ferme ce Criminel dans la négative, qu'enfin le Roi fut contraint d'ordonner que la plainte du Chien & la négative du Gentil-homme se termineroient par un combat singulier entr'eux deux par le moyen duquel Dieu permettroit que la vérité seroit reconnue ; ensuite de quoi ils furent tous deux mis dans le camp comme deux champions en présence du Roi & de toute la Cour. Le Gentil-homme armé d'un gros & pesant bâton & le Chien avec ses armes naturelles ayant seulement un tonneau percé pour sa retraite & pour ses relancemens. Aussi-tôt que le Chien fut lâché, il n'attendit pas que son ennemi vînt à lui, & comme le bâton du Gentil-homme étoit assez fort pour l'assommer d'un coup il se mit à courir çà & là, à l'entour de lui pour en éviter les coups ; mais enfin tournant tantôt d'un côté, tantôt d'un autre, il prit si bien son tems qu'il se jetta d'un plein saut à la gorge de son ennemi & s'y attacha si bien qu'il le renversa à terre & le contraignit à crier miséricorde & supplier le Roi qu'on lui ôtât cette Bête & qu'il diroit tout, sur quoi les écoutes du camp retirerent le Chien & les Juges s'étant approchés par le commandement du Roi, il confessa devant tous qu'il avoit tué son Compagnon sans qu'il y eût personne qui l'eût pu voir, que ce Chien duquel il se confessoit vaincu. L'Histoire dit qu'il fut puni ; mais elle ne dit point de quelle mort ni de quelle façon il avoit tué son concurrent. Si ce Chien eût été au tems des anciens Grecs, lorsque la Ville d'Athénes étoit en son lustre, il eût été nourri aux dépens du Public, son nom seroit dans l'Histoire, on lui auroit dressé une Statue & son corps auroit été enseveli avec plus de raison & à plus juste titre que celui de Xantipes. L'Histoire de ce Chien outre les honorables vestiges peints de sa victoire qui paroissent encore à Montargis, a été recommandée à la postérité par plusieurs Auteurs, & particuliérement par Jule Scaliger en son Livre contre Cardan[35].

J'oubliois de dire que ce combat fut fait dans l'Isle Notre-Dame, en présence du Roi & de toute la Cour.

Plutarque dans le traité qu'il a fait, où il examine quels Animaux sont plus fins & industrieux, ou ceux de la terre, ou ceux de l'eau, raconte de quelle maniere le Chien d'Hésiode accusa les enfans de Ganistor Naupactien d'avoir tué son Maître & qu'ils en furent punis ; & un autre Chien qui en fit de même auprès de Pyrrhus contre certains Soldats de son Armée ; & celui encore qui gardoit le Temple d'Esculape à Athénes. Enfin Il resulte de tous ces exemples qu Il est constant que le Chien est le plus fidéle & le plus grand ami de l'Homme[36].

---

35 *Exerc. 202.*

36 *Tiré du Théâtre d'Honneur & de Chevalerie, par Vulson de la Colombiere. tome 2. Paris 1648.*

CHAPITRE VII.

Que les Bêtes s'entendent entr'elles par une sorte de langue qui nous est inconnue.

Après ce que nous avons rapporté ci-dessus de l'industrie des Castors, n'est-il pas évident qu'une entreprise si bien suivie & si bien exécutée suppose nécessairement que les Animaux ont entre eux une sorte de langage par lequel ils se communiquent leurs pensées.

Les Loups chassent avec beaucoup d'adresse & concertent ensemble des ruses de guerre. Un homme passant dans une campagne apperçut un Loup qui sembloit guetter un troupeau de moutons. Il en avertit le Berger, & lui conseilla de le faire poursuivre par ses chiens. Je m'en garderai bien, lui répondit le Berger. Ce Loup que vous voyez n'est là que pour détourner mon attention, & un autre Loup qui est caché de l'autre côté n'attend que le momemt où je lâcherai mes chiens sur celui-ci pour m'enlever une brebis. Le passant ayant voulu vérifier le fait s'engagea à payer la brebis, & la chose arriva comme le Berger l'avoit prévuë. Une ruse si bien concertée ne suppose-t'elle pas évidemment que les deux Loups sont convenus ensemble, l'un de se montrer, l'autre de se cacher ? Et comment peut-on convenir ainsi ensemble sans avoir une connoissance raisonnable & une espéce de langage.

Un Moineau trouvant à sa bienséance un nid qu'une Hirondelle venoit de construire s'en empara. L'Hirondelle voyant chez elle l'usurpateur, appella du secours pour le chasser. Mille Hirondelles arrivent à tire d'aile, & attaquent le Moineau, mais celui-ci couvert de tout côtés & ne présentant que son gros bec par la petite entrée du nid étoit invulnérable & faisoit repentir les plus habiles qui osoient s'en approcher. Après un quart d'heure de combat toutes les Hirondelles disparurent. Le Moineau se croyoit vainqueur & les spectateurs jugerent qu'elles abandonnoient l'entreperise. Point du tout. Un moment après, on les vit revenir à la charge, & chacune s'étant pourvuë d'un peu de cette terre détrempée dont elles font leurs nids, elles fondirent toutes ensemble sur le Moineau & le claquemurerent dans le nid afin qu'il y pérît, puisqu'elles n'avoient pû l'en chasser. Peut-on entrevoir que les Hirondelles ayent pu former & concerter ce dessein sans avoir de la connoissance & se communiquer leurs idées ?

Entrez dans un bois où il y a des Geais, le premier qui vous apperçoit donne l'allarme à toute la troupe, & le bruit ne finit point que vous ne soyez sorti, ou que votre présence ne les ait chassés. Les Pies, les Merles, & presque tous les oiseaux en font autant. Qu'un chat paroisse sur un toit, ou dans un jardin, le premier moineau qui le découvre fait précisément ce que fait parmi nous une sentinelle qui apperçoit l'ennemi. Il avertit par ses cris tous ses camarades, & semble imiter un tambour qui bat au champ. Voyez un coq auprès d'une poule, un pigeon auprès d'une femelle, un chat à la suite d'une chatte, on diroit que leurs discours ne finissent point.

Nous-mêmes nous parlons tous les jours aux bêtes, & elles nous entendent fort bien. Le Berger se fait entendre de ses moutons. Les vaches entendent tout ce que leur dit une petite paysanne ; nous parlons aux chevaux, aux chiens, aux oiseaux, & tous nous entendent. Les bêtes nous parlent aussi à leur tour, & nous les entendons. Combien plus se doivent-elles faire entendre de leurs semblables ?

Il est vrai que leur langage est autrement borné, & qu'elles ne sçavent qu'exprimer leurs desirs. Or leurs desirs sont infinement moins étendus que les nôtres, & ils sont bornés à ce qui est purement nécessaire.

Écoutez parler un chien. Il ne se plaindra pas de ce que sa niche n'est point dorée, ni de ce qu'on ne le sert pas dans un plat d'argent ; il ne vous demandera pas le droit de commander à tous les chiens de la maison. Tout ce qu'il vous demandera, c'est un peu de nourriture pour subsister. Si vous le menacez, il tâchera de vous fléchir : si vous le laissez seul, il témoignera par ses cris son désespoir, & la crainte qu'il a d'être abandonné sans retour. Si vous le menez à la promenade, il vous remerciera avec mille expressions de joie : s'il voit quelque objet qui l'effraye, il vous le dira par ses gestes & ses abboyemens ou en se rangeant auprès de vous. En un mot parlez-lui de boire, de manger, de dormir, de courir, de folâtrer, de se défendre contre un ennemi, & de défendre en vous son protecteur & son unique appui, il vous entendra parfaitement, parce que tout cela tend à sa conservation, pour laquelle seule la nature leur a donné la faculté d'entendre & de se faire entendre.

C'est une vieille erreur des Anciens Philosophes de prétendre que les bêtes ne rient point, & que le rire est une propriété essentielle de l'homme exclusivement aux bêtes ; mais il est évident que les bêtes rient très bien à leur maniere & tout aussi-bien que l'homme. Voyez deux jeunes chiens folâtrer ensemble dans une campagne, se surprendre l'un l'autre, se faire des niches & de fausses peurs, tout cela se peut-il faire sans rire ? Est-il donc essentiel au rire qu'il se fasse comme dans l'homme par un mouvement de levres & de la bouche qui se dilate extrémement avec un son de voix convulsif qui se termine en des ha, ha, ha, fréquemment répétés. Le rire n'est qu'une expression de joie, & cette expression est nécessairement différente dans les diverses espéces d'animaux. L'homme rit à sa maniere, & le chien rit à la sienne. Qu'importe que ce soit par un éclat de voix ou par un simple mouvement des oreilles ou de la queuë ou quelqu'autre expression semblable, c'est toujours rire.

Il y a outre cela une infinité de choses qui nous échappent dans les Bêtes, faute d'entendre leur langage, & qui ne leur échappent cependant pas. Distinguons-nous leur phisionomie, par exemple, entre les oiseaux de la même espéce ? à peine nous doutons-nous qu'ils en ayent de différentes ; rien n'est cependant plus certain & ils ne s'y trompent point.

J'ai vû une Hirondelle porter à manger à 6 ou 7 petits rangés à la file sur une aiguille de cadran. Les petits avoient beau changer de place, la mere ne se meprenoit jamais en donnant à manger deux fois de suite au même, & elle n'en oublioit aucun. Que dans un troupeau de cent agneaux une brebis entende bêler le sien, elle le reconnoît aussi-tôt & court le chercher. Deux moineaux se reconnoissent entre mille au son de la voix. On pourroit alléguer cent faits pareils pour prouver que tous les Animaux ont dans leur commerce entr'eux une finesse de discernement qui nous échappe & qui leur fait remarquer entr'eux des différences qui sont absolument imperceptibles pour nous.

Non seulement le langage des Bêtes est borné aux seuls objets qui intéressent leur conservation comme on l'a dit ci-dessus, mais il est encore borné par lui-même en ce qu'il n'a qu'une seule expression pour chaque objet, & c'est-là la cause de leurs repetitions fréquentes : car comme il est naturel que les Bêtes insistent toujours sur le même objet jusqu'à ce que leur desir soit satisfait, ou qu'il soit détourné par un objet plus puissant, & comme elles n'ont qu'une seule façon de s'exprimer sur chaque objet, il est nécessaire qu'elles repetent toujours la même expression, & que cette repetition dure aussi long-tems que l'objet les occupe. C'est ainsi qu'un chien qui aboye la nuit pour quelque bruit qu'il a entendu, ne fait évidemment que repeter toujours la même phrase. « Prenez garde, j'entends du bruit qui m'inquiette, ou je vois quelqu'un dont je me défie, » & qu'il le repetera toujours jusqu'à ce que sa crainte soit passée.

Cette simplicité ou cette stérilité du langage des Bêtes paroît à la vérité défectueuse ; mais il faut aussi remarquer qu'elle est remplacée par des mines, des gestes & des mouvemens qui sont une espéce de langage très intelligible & un suplément de l'expression vocale. Un chien, par exemple, n'a pas d'expression vocale pour demander pardon quand il apperçoit que vous êtes en colere contre lui, mais que fait-il ? Il s'humilie devant vous, il rampe à vos pieds dans la posture d'un suppliant. Il n'a pas de phrase pour dire, ouvrez-moi la porte ; mais il y gratte, & vous avertit par-là du desir qu'il a d'entrer ou de sortir, ne sont-ce pas là des actions parlantes ? Sans doute, puisqu'elles se font bien entendre. Si on ne craignoit pas d'insister trop long-tems sur une chose aussi sensible, on pourroit faire ici, comme dit le proverbe populaire, des commentaires sur les grimaces des Singes : car il n'est pas douteux que si entre ces grimaces, il y en a qui ne sont que de pures grimaces, il y en a d'autres qui sont autant d'expressions qui valent bien des mots & des paroles.

CHAPITRE VIII.

Sur le Chant des Oiseaux.

Avec un peu d'attention on peut démêler la signification des expressions vocales de bien des oiseaux, & que nous nous imaginons être un chant. Prenons pour exemple le Serin. Quand il voit que sa femelle néglige de couver ses œufs & s'absente du nid trop long-tems, écoutez son discours : il lui dit surement alors qu'il est inquiet, qu'il faut qu'elle aille à ses œufs, & si elle n'obéit il est prêt à la vouloir battre. Lorsque la femelle obligée de tenir chaudement ses petits sous elle, n'a pas le tems d'aller manger, & que le mâle lui dégorge de la nourriture dans le bec, elle lui témoigne sa satisfaction par le battement de ses ailes, & par un petit cri différent de tous les autres qui doit nécessairement signifier, « Je suis bien aise, vous me faites plaisir. »

Il y a surtout deux circonstances où le Serin ainsi que le Rossignol, le Pinson, la Fauvette & tous les oiseaux parlent, ou si on veut chantent plus qu'à l'ordinaire. C'est lorsqu'il appelle une femelle, tandis qu'elle couve ses œufs ou ses petits. Quoique dans ces deux circonstances ses sons paroissent les mêmes, on peut cependant remarquer, outre les différences que nous n'appercevons pas, que dans la premiere, le chant est plus vif, plus animé, & accompagné d'autres. Eh, que peut-il signifier alors, si ce n'est : « Je desire que vous soyez ma femme ? Venez avec moi, nous ferons menage ensemble. »

Dans la seconde circonstance, le Serin & le Rossignol disent toute autre chose. Ce qui les fait chanter alors, c'est le besoin de rassurer la femelle trop occupée pour songer à sa sûreté. Le mari veille pour elle perché sur une branche voisine, d'où il observe tout ce qui se passe pour avertir sa femme, s'il survient quelque juste sujet de crainte. S'il cessoit quelque tems de chanter, la femelle inquiéte quitteroit son nid. Tandis qu'il chante, elle y reste tranquille ; mais croire que le Rossignol chante alors pour chanter, c'est un préjugé qui n'a nulle ressemblance, puisque les oiseaux n'ont nulle idée de ce que nous appelons chant, ni aucun sentiment d'harmonie, quoiqu'il nous ait plû d'appeller chant leur langage. Quand même on voudroit croire qu'il chante, il faudroit toujours supposer qu'il chante des paroles, je veux dire que son chant signifie quelque chose. Et que peut-il vouloir exprimer alors si ce n'est de dire à sa femme : « Soyez tranquille, je veille pour vous, vous n'avez rien à craindre, je vous avertirai, s'il arrive quelque chose » ? Voilà ce que disent tous les oiseaux & ce qu'ils repetent tous les jours en pareille circonstance. Le Moineau plus laconique dans son style le dit en une phrase fort courte, mais qu'il repete continuellement. La phrase du Pinson est un peu plus longue. Celle du Serin l'est encore davantage. Celle de la Fauvette encore plus, & enfin celle du Rossignol est la plus longue de toutes. Car dans toute la suite de son chant, il est sensible qu'il n'en dit pas plus que le Moineau.

Il y a d'autres Animaux qui forment des sons qui sont à la vérité trop délicats pour nos oreilles, mais qui n'en sont pas moins entendus par ceux de leur espéce. Car il faut observer que l'oreille de l'homme est extrémement grossiere, & que c'est l'effet d'une sage Providence. En effet si notre oreille étoit sensible aux plus petites vibrations de l'air dans lequel nous vivons, nous serions continuellement étourdis de mille bruits confus qui ne nous permettroient pas d'en distinguer aucun. Il y a donc certainement dans l'air beaucoup de sons que nous n'entendons pas : tel est le bruit que fait un Ver à soye en grugeant une feuille de meurier. S'il est seul, ou s'il n'y en a que cinq ou six, personne ne les entend ; mettez-en une certaine quantité dans un cabinet & alors tous ces petits bruits rassemblés à l'unisson sont très-sensibles à nos oreilles. Les Reptiles & les Insectes sont dans ce cas ; cependant il y a plusieurs espéces de Reptiles qui ont des expressions vocales très-sensibles, comme les Serpens, les Grenouilles, les Crapaux. Les autres Insectes n'ont pas à proprement parler une expression vocale que nous connoissions ; ils n'ont qu'un cri, comme le Grillot, la Cigale, les Papillons, les Mouches ; mais il n'est pas douteux que le cri du Grillot, par exemple, & de la Cigale ne leur serve à s'appeller pour se joindre ensemble ; de même on peut croire que le bourdonnement des Mouches leur sert à se reconnoître dans chaque société, soit par l'uniformité & l'unisson du ton, soit par des différences imperceptibles que nous ne sentons pas, ce qui fait l'équivalent de l'expression vocale. Or ce que la Nature a fait pour quelques Insectes, elle l'a surement fait pour tous.

Il y a par exemple, une espéce d'Araignées qui ont une façon toute particuliere de se témoigner l'une à l'autre le desir qu'elles ont de se rapprocher. Il est vrai, dit l'Auteur du langage des Bêtes, que je n'en ai jamais été que témoin auriculaire ; mais on m'a assuré que c'étoient des

Araignées qui faisoient le bruit dont je veux parler. Une Araignée qui veut avoir compagnie frappe je ne sçai avec quel instrument sur le mur ou sur le bois où elle s'est établie neuf ou dix petits coups à peu près semblables aux battemens d'une montre ; mais un peu plus forts & plus serrés, après quoi elle attend qu'on lui réponde. Si elle n'entend point de réponse, elle recommence d'intervalle en intervalle pendant environ une heure ou deux, reprenant cet exercice & se reposant alternativement le jour, comme la nuit. Au bout de deux ou trois jours si elle n'entend rien, elle change de demeure jusqu'à ce qu'elle ait trouvé quelqu'un qui lui réponde. C'est une autre Araignée qui lui répond precisement de la même maniere, & comme par écho. Si la proposition plaît, la conversation s'anime & les battemens deviennent plus fréquens. Prêtez-y l'oreille, & vous jugez par le bruit, que peu à peu l'une s'approche de l'autre & que les battemens se joignent enfin de si près qu'ils se confondent les uns dans les autres, après quoi vous n'entendez plus rien. Je me suis quelquefois amusé à faire ainsi l'écho d'une Araignée, que j'entendois battre & dont j'imitois le bruit, elle me répondoit fidélement ; elle m'attaquoit même quelquefois de conversation, & j'en ai souvent donné le plaisir à diverses personnes à qui je disois que c'étoit un esprit familier.

Or je suis persuadé que si nos organes étoient assez délicats pour sentir & appercevoir leurs mouvemens & leurs mines, ou ce qui leur tient lieu de voix, nous trouverions dans les Fourmis, dans les Vers, les Chenilles, en un mot dans tous les Insectes un langage établi pour leurs besoins & pour leur conservation, & comme il y a quelques espéces d'Insectes en qui nous remarquons plus d'industrie & de connoissance que dans de grands Animaux, il est à croire que ces espéces ont aussi un langage plus parfait à proportion, quoique toujours borné aux besoins de la vie.

CHAPITRE IX.

Sur l'industrie des Oiseaux dans la construction de leurs nids & l'éducation de leurs Petits.

En quelque endroit que les Oiseaux ayent dessein de construire leur nid, c'est toujours sous quelque abri. Ils cherchent ou des herbes ou une branche épaisse, ou des feuilles doublées sur lesquelles la pluie s'écoule comme sur un toît sans entrer dans la plus petite ouverture du nid qui est caché dessous. Les dehors du nid sont des matieres grossieres pour servir de fondement. Ils y employent les joncs, les gros foins, la mousse, les épines mêmes. Sur cette premiere assise qui est assez informe, ils étendent & plient en rond des matériaux plus délicats, & qui étant bien serrés les uns contre les autres ferment l'entrée aux vents & aux insectes. Mais chaque espéce a son goût & sa façon de se loger. Le logis fait, ils ne manquent point de tapisser le dedans de petites plumes, ou de l'étoffer avec de la laine ou même de la soye pour entretenir une chaleur bienfaisante autour d'eux & de leurs petits. Quand les secours leur manquent, il n'est rien qu'ils n'imaginent pour y suppléer. C'est ce qu'on a remarqué en des Serins, auxquels on n'avoit donné que du foin pour faire leur nid. Faute de coton ou de soye, la femelle eut recours à un expédient admirable ; elle se mit à plumer l'estomac du mâle sans trouver opposition. Puis elle revêtit fort proprement de ce duvet tout l'intérieur de son nid.

Il y a d'autres oiseaux qui ont une autre sorte d'adresse dans la construction de leurs nids, car on remarque que les poils, les crins & les joncs qui les composent sont adroitement croisés & entrelacés. Il y en a comme celui de la Mesange à longue queuë, dont toutes les piéces sont proprement attachées & liées avec un fil que l'oiseau se fait avec de la bourre, du chanvre, du crin, & plus ordinairement avec les toiles d'araignée qu'il trouve lorsque les araignées vagabondes remplissent la campagne de leurs fils. On voit d'autres oiseaux comme le Merle & la

Hupe, qui après avoit fait leur nid en enduisent le dedans d'une petite couche de mortier qui colle & maintient tout ce qui est dessous, & qui à l'aide de quelque peu de bourre ou de mousse qu'ils y attachent, forment par dedans une espéce de mur très-propre à conserver la chaleur. Le nid de l'Hirondelle est d'une structure toute différente des autres, il ne lui faut ni bois ni foin, ni lien, elle sçait gâcher une espéce de plâtre & de ciment avec lequel elle se fait & à toute sa famille un logement également propre, sûr & commode. Elle n'a ni seau pour puiser l'eau, ni brouette pour voiturer le sable, ni pêle pour mêler le mortier. Mais on la voit passer & repasser sur quelque bassin, étang ou autre lieu où il y a de l'eau : elle tient ses aîles élevées & se mouille l'estomac sur la superficie de l'eau, puis de la rosée qu'elle fait rejaillir sur la poussiere, elle la détrempe & en maçonne ensuite avec le bec. Or n'est-ce pas une raison admirable qui dirige le travail de ces oiseaux dans la construction de leurs nids ? Car où cet oiseau a-t-il appris qu'il auroit des œufs, qu'il falloit un nid à ces œufs pour les empêcher de tomber & pour les échauffer ; que la chaleur ne se concentreroit pas autour de ces œufs si le nid étoit trop grand : que les petits n'y pourroient pas tenir s'il le faisoit plus petit ? Comment connoît-il la juste proportion de l'étendue du nid avec le nombre des enfans qui doivent naître ? Qui a dirigé sa connoissance pour ne point se tromper au tems, & pour empêcher que la ponte des œufs ne prevînt la structure du nid ?

De la Couvée

Quand le nid est fait, la femelle y met bas ses œufs dont le nombre varie suivant les espéces. Il y en a qui ne donnent que deux œufs à la fois, d'autres en donnent quatre ou cinq, & quelques-uns jusqu'à dix-sept ou dix-huit. Les œufs venus la femelle & le mâle les couvent tour à tour. Plus ordinairement c'est la femelle qui prend ce soin. C'est ici qu'on ne peut s'empêcher d'admirer l'impression puissante d'une raison supérieure sur ces petites créatures. Elles ne savent assurément, ni ce que contiennent leurs œufs, ni la nécessité qu'il y a de les couver pour les faire éclore. Cependant cet Animal si inquiet, si volage, oublie en ce moment son naturel pour se fixer sur ses œufs, pendant le tems nécessaire. La mere se gêne, renonce à toutes ses courses, & demeure près de vingt jours de suite collée sur sa couvée avec une affection si grande qu'elle oublie de manger. Le pere de son côté partage & adoucit le travail. Il apporte à manger à sa fidelle compagne. Il lui met dans le bec la mangeaille toute preparée. S'il interrompt ses soins auprès d'elle, c'est pour la rejouir par son chant. Ce ne sont qu'allées & venues qu'il fait pour son service ; & l'on ne sait ce qu'on doit admirer le plus ou de l'assiduité pénible de cette petite mere ou de l'inquiétude officieuse du mari.

Éducation des Petits.

On suppose les œufs éclos. Voilà les Poussins venus. Que de nouveaux soins pour le pere & pour la mere jusqu'à ce que la nouvelle troupe se puisse passer d'eux ! On diroit qu'ils sentent alors ce que c'est que d'être chargé de famille. Il faut trouver à vivre pour huit, au lieu de deux. La Fauvette & le Rossignol travaillent alors comme les autres : on n'a plus le tems de chanter, du moins le fait-on plus rarement. Le besoin les presse, ils sont toujours en quête, tantôt l'un, tantôt l'autre. Ils distribuent la nourriture avec beaucoup d'égalité, en donnant à chacun sa portion tour à tour. Cette tendresse des meres pour leurs petits va jusqu'à changer leur naturel. Suivez une Poule devenue mere de famille ; elle n'est plus la même. L'amitié change ses humeurs, & corrige ses défauts : elle étoit auparavant gourmande & insatiable ; présentement elle n'a rien plus à elle. Trouve-t-elle un grain de bled, une mie de pain, ou même quelque chose de plus abondant & qu'on pourroit partager ? elle n'y touche pas. Elle avertit sa troupe par des cris que ses petits connoissent. Ils accourent bien vîte & toute la trouvaille est pour eux. La mere se borne frugalement à ses repas. Cette mere naturellement timide ne savoit que fuir. À la tête d'une troupe de Poussins, c'est une Lionne qui ne connoît plus de danger, qui saute aux yeux du chien le plus fort. Qu'on observe une Poule d'Inde à la tête de ses petits. On lui entend quelquefois pousser un cri lugubre dont on ignore la cause & l'intention. Aussi-tôt tous ses petits se tapissent sous des buissons, sous l'herbe, sous ce qui se présente ; ils disparoissent tous, ou s'il n'y a point de quoi les couvrir, ils s'étendent par terre & contrefont les morts. On les voit dans cette posture sans branler pendant des quarts d'heure entiers & souvent beaucoup plus. La mere cependant porte ses regards en haut d'un air allarmé : elle redouble ses soupirs, elle réitere ses cris qui abbattent tous ses petits. Les personnes qui remarquent l'embarras de cette mere & son attention inquiéte cherchent dans l'air ce qui y peut donner lieu, & enfin on apperçoit sous les nues qui traversent l'air un point noir qu'on a peine à démêler. C'est un oiseau de proye que son éloignement dérobe à notre vue, mais qui n'échappe ni à la vigilance ni à la pénétration de notre mere de famille. C'est ce qui lui a donné l'allarme. On en a vû une demeurer dans cette agitation, & ses petits se tenir collés contre terre pendant quatre heures de suite que l'oiseau tournoit, montoit &

descendoit au-dessus d'eux. Enfin l'oiseau disparoit-il ? La mere change de note, elle pousse un autre cri qui rend la vie à tous ses petits. Ils accourent tous auprès d'elle, ils battent des aîles, ils lui font fête, & on comprend que dans leur langage ils ont cent choses à lui dire.

CHAPITRE X.

Remarques sur les Oiseaux de Passage.

On est en peine de savoir ce que deviennent les Hirondelles & tant d'autres Oiseaux qu'on voit pendant un tems & qui disparoissent tout d'un coup. Voici ce que les Savans, curieux de l'histoire naturelle ont observé sur ce sujet. Il y a des Oiseaux de Passage qui se plaisent dans les pays froids ; d'autres se plaisent dans les climats temperés ou même dans les chauds. Quelques espéces se contentent de passer d'un pays dans un autre, où l'air & les nourritures les attirent en certain tems. D'autres traversent les Mers, & entreprennent des voyages d'une longueur qui surprend. Les Oiseaux de Passage les plus connus sont les Cailles, les Hirondelles, les Canards sauvages, les Pluviers, les Becasses, les Grues.

Les Cailles, au Printems, passent d'Afrique en Europe pour y jouir d'un Été plus supportable qu'en Afrique. Sur la fin de l'Automne, elles s'en retournent par-dessus la Méditerranée, pour jouir dans l'Égypte & dans la Barbarie d'une chaleur douce & semblable à celle des climats qu'elles abandonnent ; les Cailles s'en vont par troupes, quelquefois comme des nuées : assez souvent les vaisseaux en sont tout couverts.

La méthode des Hirondelles paroit différente. On prétend que plusieurs passent la Mer. Mais il paroît constant par les Relations d'Angleterre & de Suéde[37] que celles des pays les plus Septentrionaux s'arrêtent en Europe & se cachent dans des trous sous terre, en s'accrochant les unes aux autres, pattes contre pattes, bec contre bec. Elles se mettent par tas dans des endroits éloignés du passage des hommes, où elles sont même gagnées par les eaux. La précaution qu'elles ont prise par avance de se bien lustrer les plumes avec leur huile, & de se mettre comme un peloton, la tête en dedans, le dos en dehors, les garantit sous l'eau & sous la glace même. Elles s'y engourdissent & y passent l'hiver sans

---

37 *Transact. Philosoph. 12 Fév. 1713. Journal des Savans 1668.*

mouvement. Le cœur continue cependant toujours à leur battre, & au retour du Printems la chaleur les degourdit : elles regagnent alors leurs demeures ordinaires ; chacune d'elles retrouve son pays, son village, ou sa ville & son nid.

Bien des gens remarquent tous les ans en Automne un certain jour où toutes les Hirondelles s'assemblent pour partir de compagnie, & quoiqu'ils ayent vû très-souvent des bandes d'oiseaux qui s'en vont en voyage, ils avouent néanmoins qu'ils regardent toujours cette merveille avec des yeux d'admiration.

En effet, dans leur passage au-dessus des Royaumes & des Mers je ne sçai ce qu'il faut le plus admirer ou de la force qui les soutient dans un si long trajet, ou de l'ordre avec lequel tout s'exécute. Qui est-ce qui a appris à leurs petits qu'il faudroit bien-tôt quitter leurs pays natal & voyager dans une terre étrangere ? Ont-ils un Calendrier pour reconnoître la saison & le jour où il faut se mettre en route ?[38] Qui est-ce qui sonne la trompette pour annoncer au Peuple la resolution prise, afin que chacun se tienne prêt, car le lendemain du départ il ne paroît ni traîneurs, ni deserteurs. Comment ont-ils l'adresse de régler leur marche ? Connoissent-ils les Isles où ils pourront se reposer & trouver du rafraîchissement ? Où est la Boussole qui les guide pour les conduire du côté où ils se proposent d'arriver, sans être dérangés dans leur vol, ni par les pluyes, ni par les vents, ni par l'obscurité affreuse de plusieurs nuits ? Ou bien enfin ont-ils une raison supérieure à celle de l'homme qui n'ose tenter ce passage qu'avec tant de machines & de précautions ? Ils n'ont assûrément ni Cartes ni Boussole. Mais il faut bien croire que Dieu leur imprime à tous une méthode particuliere & des sentimens qui suffisent pour leur état ; & que ce Souverain Créateur qui a donné à l'Homme une raison qui s'étend à toutes choses, a donné aux Animaux une imitation de la raison, bornée à la vérité à un seul point, mais d'autant plus merveilleuse en ce point, que cette même imitation est un sujet impénétrable à l'esprit humain.

FIN.

APPROBATION.

J'ai lû par ordre de Monseigneur le Chancelier, un Manuscrit intitulé,

---

38 *Explic. de l'ouvr. de six jours.*

Histoire des Singes, &c. & je n'y ai rien trouvé qui puisse en empêcher l'impression. À Paris, ce 16 Mars 1752.

LAVIROTTE

PRIVILEGE DU ROI.

LOUIS, par la grace de Dieu, Roi de France & de Navarre : À nos amés & féaux Conseillers les Gens tenant nos Cours de Parlement, Maîtres des Requêtes ordinaires de notre Hôtel, Grand-Conseil, Prévôt de Paris, Baillifs, Sénéchaux, leurs Lieutenans civils & autres nos Justiciers qu'il appartiendra. SALUT. Notre amé NICOLAS-BONAVENTURE DUCHESNE, *Libraire à Paris,* Nous a fait exposer qu'il désireroit faire imprimer, & réimprimer des Ouvrages qui ont pour titre *Histoire des Singes & autres Animaux curieux. La Grammaire Allemande de M. Gottscher. Fables mises en vers par M. de Rivery avec une Traduction de Silvie Pastorale. Théâtre Allemand, Méditations Chrétiennes pour tous les jours de l'année par le Révérend Pere Chappuis de la Compagnie de Jesus.* S'il Nous plaisoit lui accorder nos Lettres de Privilége pour ce nécessaire. À CES CAUSES, voulant favorablement traîter l'Exposant, Nous lui avons permis & permettons par ces Présentes de faire imprimer & réimprimer lesdits Ouvrages en un ou plusieurs volumes autant de fois que bon lui semblera, & de les vendre, faire vendre & débiter par tout notre Royaume, pendant le tems de six années consécutives, à compter du jour de la date des Présentes. Faisons défenses à tous Imprimeurs, Libraires & autres personnes de quelque qualité & conditions qu'elles soient, d'en introduire d'impression étrangere dans aucun lieu de notre obéissance, comme aussi d'imprimer ou faire imprimer, vendre, faire vendre, débiter ni contrefaire lesdits Ouvrages, ni d'en faire aucun extrait sous quelque prétexte que ce soit, d'augmentation, correction, changements ou autres, sans la permission expresse & par écrit dudit Exposant ou de ceux qui auront droit de lui, à peine de confiscation des Exemplaires contrefaits, de trois mille livres d'amende contre chacun des contrevenans, dont un tiers à Nous, un tiers à l'Hôtel-Dieu de Paris, & l'autre tiers audit Exposant, ou à celui qui aura droit de lui, & de tous dépens, dommages & intérêts, à la charge que ces Présentes seront enregistrées tout au long sur le Registre de la Communauté des Imprimeurs & Libraires de Paris, dans trois mois de la datte d'icelles ; que l'impression & réimpression desdits Ouvrages sera faite dans notre Royaume, & non ailleurs, en bon papier & beaux caracteres, conformément à la feuille imprimée, attachée pour modéle sous le contre-scel des Présentes, que l'Impétrant se conformera en tout aux Réglemens de la Librairie, & notament à celui du dix Avril 1725. & qu'avant de les exposer en vente, les Manuscrits & Imprimés qui auront servi de copie à l'impression & réimpression desdits Ouvrages seront remis dans le même état où l'approbation y aura été donnée ès mains de notre très-cher & féal Chevalier Chancelier de France, le Sieur de Lamoignon, & qu'il en sera ensuite remis deux Exemplaires de chacun dans notre Bibliothéque publique, un dans celle de notre Château du Louvre, un dans celle de notredit très-cher & féal Chevalier Garde des Sçeaux de France, le Sieur de Machault, Commandeur de nos Ordres, le tout à peine de nullité des Présentes, du contenu desquelles vous mandons & enjoignons de faire jouir ledit Exposant & ses ayans cause, pleinement & paisiblement, sans souffrir qu'il leur soit fait aucun trouble ou empêchement. Voulons que la copie des Présentes, qui sera imprimée tout au long, au commencement ou à la fin desdits Ouvrages, soit tenue pour duement signifiée & qu'aux copies collationnées par l'un de nos amés & féaux Conseillers Sécrétaires foi soit ajoutée comme à l'original. Commandons au premier notre Huissier ou Sergent sur ce requis, de faire pour l'exécution d'icelles, tous Actes requis & nécessaires, sans demander autre permission, & nonobstant clameur de Haro, Charte Normande, & Lettres à ce contraires ; CAR tel est notre plaisir. DONNÉ à Versailles le dix-septiéme jour du mois d'Avril l'an de grace mil sept cent cinquante deux, & de notre regne le trente-septiéme.

Par le Roi en son Conseil.

SAINSON.

Registré sur le Registre XII. de la Chambre Royale des Libraires – Imprimeurs de Paris N°. 760. fol. 616. conformément aux anciens Réglemens confirmés par celui du 28. Fé-vrier 1723. A Paris le 21. Avril 1752.

COIGNARD, Syndic.

De l'Imprimerie de BALLARD, seul Imprimeur du Roi, pour la Musique, & Noteur de la Chapelle de Sa Majesté, rue Saint Jean-de-Beauvais, à Ste Cecile.

www.ingramcontent.com/pod-product-compliance
Lightning Source LLC
Chambersburg PA
CBHW071214280526
45787CB00002B/674